影响中国人的
十大汉字
国学金故事

冯梦月　丁卉◎主编

台海出版社

图书在版编目(CIP)数据

孝·影响中国人的十大汉字 / 冯梦月, 丁卉编著.
--北京:台海出版社,2012.9

(国学金故事)

ISBN 978-7-5168-0025-6

Ⅰ.①孝… Ⅱ.①冯… ②丁… Ⅲ.①品德教育–中国
–通俗读物 Ⅳ.①D648–49

中国版本图书馆 CIP 数据核字(2012)第 211224号

孝·影响中国人的十大汉字

编　著:冯梦月　丁　卉

责任编辑:姜　航

装帧设计:天下书装　　　　　版式设计:方国荣

责任校对:董宁文　　　　　　责任印制:蔡　旭

出版发行:台海出版社

地　址:北京市景山东街 20 号，　邮政编码:100009

电　话:010-64041652(发行,邮购)

传　真:010-84045799(总编室)

网　址:www.taimeng.org.cn/thcbs/default.htm

E-mail:thcbs@126.com

经　销:全国各地新华书店

印　刷:北京高岭印刷有限公司

本书如有破损、缺页、装订错误,请与本社联系调换

开　本:710×1000　1/16

字　数:52 千字　　　　　　印　张:8

版　次:2012 年 11 月第 1 版　　印　次:2012 年 11 月第 1 次印刷

书　号:ISBN 978-7-5168-0025-6

定　价:19.00 元

题记

孝

小篆

金文

现在的青少年，理所当然的接受着父母长辈的关爱，你是否思考过，父母长辈们为你付出关爱，谁又去关爱他们呢？

听过"乌鸦反哺，羔羊跪乳"的故事吗？乌鸦是一种通体漆黑、面貌丑陋的小鸟，因为人们觉得它不吉利而遭到人类的厌恶，正是这种遭人嫌恶、登不了大雅之堂、入不了水墨丹青的小鸟，却拥有一种真正的值得我们人类普遍称道的美德——孝顺。据说，当乌鸦妈妈年老体衰，不能觅食或者双目失明飞不动的时候，它的子女就四处去寻找可口的食物，衔回来嘴对嘴地喂到母亲的口中，回报母亲的养育之恩，并且从不感到厌烦，一直到老乌鸦临终。这就是人们常说的"乌鸦反哺"。

很久以前，一只母羊生了一只小羊。它非常疼爱小羊，不管白天黑夜，总是和小羊形影不离。一天，小羊说："妈妈，您对我这样疼爱，我怎样才能报答您的养育之恩呢？"羊妈妈说："妈妈不要你报答，只要你有这一片孝心就心满意足了。"小羊听后，不觉下泪，"扑通"跪倒在地，表示难以报答慈母的一片深情。从此，小羊每次吃奶都是跪着。它知道是妈妈用奶水喂大它的，跪着吃奶是感激妈妈的哺乳之恩。这就是"羊羔跪乳"。

动物们尚且如此，那么我们青少年朋友也应秉持一份孝心去关爱自己的父母长辈呢！看看本书讲述的故事中，古代的人们是怎么孝敬长辈的，看完了一定要学习借鉴哦！

孝顺的含义

孝顺的含义，我想我是出国以后才算真正懂得。小的时候，我总是很单纯地觉得父母的爱来得理所当然，来得平平淡淡，像呼吸一样自然，也像一日三餐一样习以为常。而我的生命，仿佛是坐标系里的 X 轴，不管输入几，输出总是零，因为自私，也因为幼稚。读的许许多多的故事，比如收录在这本书中的《温被扇席》与《辞官养亲》，一直只是写议论文时候的好素材，但是这些故事背后所隐藏的关爱与品德，我全部都不懂。

其实我一直都在避免"孝顺"这个话题。一方面觉得这种大家都津津乐道的古董不属于我。它让我觉得过时，觉得平庸，觉得像被遗弃在古希腊的神像，美好崇高，却寂寞疏离。另一方面，或许在心底很深的地方，我害怕去想这个问题。我拒绝去丈量父母的付出，因为那本身无法丈量。但我也拒绝去面对那个无法丈量的现实，因为我害怕承担责任，害怕觉得自己对人亏欠，也害怕被束缚。于是我就一直这样享受着而拒绝付出，单纯地觉得世界本该如此，本该充满了宽容与爱。

记得我刚来新加坡的时候，每天晚上想母亲想到泪流满面。流泪的原因，不是歉疚不是后悔，甚至也与悲伤无关，我只是很害怕，害怕孤独无援，害怕一人面对。我不习惯没有人早上叫我起床，把热干面放在我的面前；没有人在我脸色苍白的时候，问我是不是不舒服；没有人在我沉默的时候小心翼翼；没有人在考试以后陪我散步一个小时；没有人细心地为我冲咖啡与糖比例为5:1的饮料；没有人在十二点以后推开我的房门，看看我被子是不是没有盖好；没有人随时担心我过马路时是否注意看红绿灯……没有人，那么不计付出地爱着我，在我不懂事，很无知的时候。

我记得有一次在地铁上，对面坐了妈妈和女儿。女儿很小，大概四五岁。她靠在妈妈的肩膀上，睡得很香。妈妈抬起右手，指尖掠过女儿的发丝，脸上露出满足的笑容。那天阳光透过车窗洒在她那稚嫩的小脸上。我的眼泪忽然漫了上来，不可抑制。记得很久很久以前，妈妈总是一个人带着我，坐很长很长时间的公交车，从武昌去汉口。我伏在妈妈的膝盖上，睡上将近两个小时。每次在我起来后，妈妈的腿，都会抽筋然后很久不能动。但是她从来没有叫醒过我。我想，她一定也无数次的像这个母亲一样，用她右手的指尖掠过我浓密的头发，然后欣喜地觉得怀抱中的那个人是她的宇宙。

渐渐地，我也开始重新审视自己对爱的理解，对孝的定义。亲情是太普通的东西，也是大多数人与生俱来的。所以没有海报去宣传，没有玫瑰去渲染，没有人留意，也很少有人珍惜。所以忙碌，所以盲目。记不清是谁说的了，我们就算飞得再远，仍然是父母手中的风筝。安金鹏得了国际奥林匹克的金牌，对着自己大字不识的母亲，只是低头微笑，然后眼神里充满感激。

不是亲情过时，而是我们在飞逝，飞逝得面目全非，身心俱疲，冷血麻木，茫然无措。所以我们需要一种心灵的回归，回归古典与质朴。

而孝，对于我来说，不仅仅是一种物质或精神上的报答。

孝与回报无关。不同于礼尚往来，也不是因为父母爱过我，我才爱他们，而是他们的爱早已被时间灌溉成我生命中最坚实、最醇厚的一部分，融入我的血脉，浸入我的骨髓，成为我的定义、我的人格、我的自我。而我对父母的情感，有爱有尊敬，但更多的是，我为我们神奇的共同存在和特殊的亲密纽带而心存无限感激。或许有分歧和争执，也有针锋相对和相持不下，但是在茫茫宇宙之中，他们的存在让我勇敢、让我知足、让我温暖、让我幸福。

所以那天，我在地铁里泪流满面。我懂了，或者我还不懂。原来他们是这样爱着我，在乎我。那种爱那么深沉，又那么安静，深入骨髓以至于感觉不到。

在读这本书的时候，我反反复复地看了许多以前让自己觉得过时而可笑的篇章，现在却只让我的心中涌动着无限的感动。最愚蠢的行为，往往最有爱的张力；最质朴的语言，往往才是爱的注解。不管历史变迁，沧海桑田，那些故事、那些举动，那一颦一笑、一言一行、一举手一投足，都是孝顺的鉴证，都是挚爱的凝结。

相信你们在阅读的时候，也能感受此刻我的所思所想。

去年年底回国的时候，我亲手为父母各画了一件衬衣。给妈妈画的，是一条蜿蜒的河流，象征母爱绵长；给爸爸画的，是一座威严的高山，象征父爱威严。我永远忘记不了他们拿到衬衣时的表情——那笑容，温暖如普罗旺斯午后的阳光，充满着爱的芬芳与力量。

丁卉

目　录

在《国学金故事》轻松浪漫的漫画氛围里，结识古代圣贤、名士。

有时还真担心我的宝贝读那些低俗漫画，被垃圾文化给毁了呢，《国学金故事》图文并茂，精美不低俗。

家长们都应该看看《国学金故事》，它会告诉我们，那些成功的人，都接受了怎样的教育。

《国学金故事》里都是真真切切存在的历史人物，他们凭借自己的智慧和美德，创造了实实在在的文化。

孩子们都是天真活泼的，看这样的书，可以美化他们的心灵。

都说中华文化"博大精深"，可这些故事，你应该"略知一二"吧？

中国古代那么多圣贤名士，你只需翻翻《国学金故事》的漫画就会记住了。

读《国学金故事》，品味历史风云人物，感悟人格魅力。

——《小意林》主编　宋春华

劝父谅母

闵损,字子骞,春秋时期的鲁国人。

孔子是我国古代的大教育家,他一生教过许多学生,有七十二人后来成了国家的栋梁之才,闵损就是其中的一位。他不但很有才干,而且十分孝顺。闵损小时候,非常孝顺父母。每次吃饭,他都抢先帮父母盛饭,恭恭敬敬地把饭端到父母跟前。他特别关心病弱的母亲,见有好菜就往母亲的碗里夹,叫母亲多吃一些。吃过饭后,他又抢着收拾碗筷,洗盆涮锅。父母见儿子这么孝顺、勤快,打心眼里感到高兴。

不久,母亲因病去世了。父亲又娶了后妻,就是闵损的继母。他对继母像对生母一样孝顺。可是继母对他就不同了,经常叫他干这干那,干得不如她意就骂他。后来,继母又接连生了两个弟弟,闵损的日子就更不好过了,他简直成了继母的奴仆,不但挨骂,还经常遭打。

一个严寒的冬日,闵损给父亲赶车。天上飞着的雪花像鹅毛一样大,大风呼呼作响,夹着雪花向闵损的脸上砸来,他的脸、手像刀割似的疼痛,脚冻得都快要掉了。手上的缰绳一

个劲儿地往地上掉。父亲看见儿子这个样子，以为他做事不专心，便对他责骂起来："损儿，哪有像你这样赶车的？缰绳怎么老往下掉？是不是对父亲有什么不满？你吃饭的劲儿哪儿去了？"

闵损一句话也不分辩，只是尽力不让缰绳再掉到地上，可冻僵的双手还是抓不紧。这下子父亲真的火了，从车上跳下来，走到他跟前，一把夺过缰绳，刚要破口大骂，却又没有骂出口。为什么呢？原来呀，他发现儿子的脸色发青，身子直发抖，忙用手摸摸儿子身上穿的棉衣，觉得还算厚，心想这当中可能有问题。便将儿子带回家中，叫他将衣服脱下来。父亲剪开闵损的衣服一看，顿时就傻眼了，原来里面塞的全是芦絮。接着，他又剪开后妻的两个儿子穿的棉衣，发现里面的棉花又软又厚。父亲难过得几乎掉下眼泪，他责备自己让儿子忍冻去干活，憎恨后妻虐待闵损。

不一会儿，后妻从外面串门回来了，看见丈夫满脸怒气，不知道发生了什么事，忙问："你这是跟谁发脾气啊？是不是损儿得罪你了？"

听了后妻的问话，父亲更是气不打一处来，叫道："你这个坏心肠的继母，就知道说损儿的不是！"说着，指着闵损穿的衣服问她，"你看看损儿穿的是什么？"

后妻一溜眼，看见闵损穿的衣服被剪开了一个口子，芦絮从里面露出来了。她顿时就变了脸色，知道不能隐瞒，慌忙跪下认错，说："我该死，我该死，求你饶了我这一次，我以后再也不敢了！"

父亲余怒未消，说："我不要你这样的妻子，损儿也不要你这样的母亲，你快给我滚出去，不要再回来了！"

后妻见闵损的父亲要把她赶出这个家门，害怕极了，跪在地上磕起头来，磕得砰砰直响。闵损的父亲却执意不肯原谅她，叫她出去。

闵损看到这情形，非常同情继母，不禁泪如雨下，以前继母给他带来的苦好像一下子没了，他苦苦哀求父亲说："母亲在家，就我一个人受冻。母亲要是走了，我和两个弟弟都要受冻，望父亲大人三思而行啊！"

父亲觉得儿子的话有理，便指着闵损对后妻说："你如此虐待损儿，可是损儿反过来是怎样对你的？你好好想一想！"说罢，气愤地走出门去。

继母见闵损以德报怨，很受感动，从此对三个儿子同等看待。闵损长大后，孝闻名于天下。孔子曾经称赞他说："闵损真是个孝子啊！他孝顺父母，爱护弟弟，使别人对他的家人都没有坏话可说。"

《说苑》《论语》

本篇成语解释：

1.【以德报怨】拿恩惠报答仇恨。

2.【栋梁之才】栋梁：房屋的大梁。比喻能担负国家重任的人。

3.【三思而行】三：再三。反复考虑然后才去做。

事其亲者，不择地而安之，孝之至也。——庄子

掘地会母

郑庄公(公元前757年——公元前701年),名寤生。春秋时郑国君,公元前743年——公元前701年在位。

春秋时期,有个人为了能和母亲相见,竟派人花了很大力气,挖了一条隧道。这是怎么回事呢?请看下面的故事。

当时,郑武公的夫人姜氏生了两个儿子,姜氏宠爱小儿子,一心想让他继位做国王。她三番五次地向郑武公提出请求,郑武公就是不答应。

郑武公死后,大儿子当了郑国国王,称郑庄公。姜氏要求庄公把制地(今河南荥阳东南)封给小儿子。庄公无奈,只得答应。

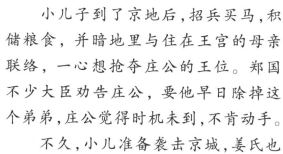

小儿子到了京地后,招兵买马,积储粮食,并暗地里与住在王宫的母亲联络,一心想抢夺庄公的王位。郑国不少大臣劝告庄公,要他早日除掉这个弟弟,庄公觉得时机未到,不肯动手。

不久,小儿准备袭击京城,姜氏也同他约定日期,准备到时打开城门,来个里应外合。郑庄公知道了,抓到了弟弟谋反的把柄,这才对心腹大臣说:"现在可以出兵讨伐了。"郑庄公马上

派军队占领了京地,弟弟不是郑庄公的对手,成了他的刀下鬼。

郑庄公为了这件事,非常怨恨姜氏。他一怒之下,派人把姜氏送到离京城较远的地方,还对她发誓说:"不到黄泉路上,我就再也不跟你相见了。"

过了一些日子,郑庄公觉得自己做得太过分了,就后悔起来。但因为自己立过誓言,又不能去把姜氏接回来。

当时,郑国有个地方官,名叫颍考叔。他听说了这事,就借进贡的机会,去见郑庄公。郑庄公很高兴,请他吃饭。吃饭时,颍考叔故意把肉放在一边不吃。郑庄公见了,很是奇怪,便问他:"你为什么总把肉留在一边不吃呢?"

颍考叔回答说:"我家里有个年老的母亲。我能吃到的东西,她都吃过了。可是,她还没有尝过大王赏赐的肉呢。所以,我想请求大王,让我把这些肉带回家,让她尝一尝。"

郑庄公听后,很有感触。他叹了一口气说:"呀!你倒有个母亲可以孝敬,我就偏偏没有!"

颍考叔装出一副听不懂的样子,说:"请问大王讲这话是什么意思呢?"

郑庄公又叹了一口气,把姜氏约定弟弟来攻打都城,结果弟弟自取灭亡,姜氏被贬远方,自己发誓不到黄泉不再跟姜氏

见面的事，一五一十地向颖考叔讲了一遍。他还说："我现在感到很后悔，但又立了誓言，没有法子再与母亲相见了。"

颖考叔说："这有什么值得叹气的呢？我倒有个主意，既可以让大王母子相见，又不违背您的誓言。"

郑庄公急忙问道："你有什么主意？"

颖考叔回答说："只要在地上挖一条隧道，待见到泉水，您和母亲就在隧道里相见。这样也就不违背您以前的誓言了。"

郑庄公认为这主意不错，就按照颖考叔的建议派人在地下挖了一条又深又大的隧道，待见到泉水后，他沿着台阶疾步往下走。突然他隐隐约约看见隧道的另一头，出现一个人的轮廓，心想：这就是我朝思暮想的母亲吧？于是，他加快步子，一阵小跑到姜氏跟前，抱住她痛哭起来。郑庄公既悔恨自己以前对母亲太不孝敬、太不尊重，又高兴自己终于能够见到自己的母亲，他情不自禁地唱了起来："身在隧道里，真叫人快乐极了！"

姜氏此时也明白了儿子的孝心，同时为自己过去做的事感到内疚。她跟着郑庄公走出隧道，也高兴地唱了起来："身在隧道外，真叫人快乐极了！"

从此，郑庄公和姜氏又恢复了原来的母子感情。他这种认母、孝母的方式，不也很有意思吗？

《左传·隐公三年》

本篇成语解释：

1.【招兵买马】指组织或扩充力量。
2.【隐隐约约】看起来或听起来不很清楚,感觉不明显。
3.【三番五次】屡次。也作"三回五次"。
4.【情不自禁】禁:抑制。感情激动,控制不住自己。

身为一国之君的郑庄公有他的无可奈何,但依然没有放弃孝道,而我们绝大多数的人都没有郑庄公的身不由己,是否更应该坚持孝道呢?

彩衣娱亲

老莱子(约公元前599年——公元前479年),春秋时期楚国人,在世的年代大约与孔子相同。

老莱子自幼就十分孝顺父母,父母把他看作自己的掌上明珠。父母劳动,他怕父亲累坏了,就在旁边帮忙。老莱子干起活来非常卖力,一人赛过父母两人。母亲说他像个小老虎,老莱子听了,灵机一动,一不做二不休,索性学起老虎来,他趴在地上,模仿老虎的动作,一跳一跳的,嘴里还不停地吼叫。这下可真把父母乐坏了,只见父母用手捂着肚子笑弯了腰。笑了好一阵后,母亲上气不接下气地说:"没想到孩儿还真有一套,是谁教你的? 差点儿把娘给笑死了!"老莱子一骨碌从地上爬了起来,忙跑到母亲跟前,伸手揉揉母亲的肚子,说:"没笑坏,您这不是好好的吗?"

这已是老莱子小时候的事了。

时间过得真快呀,真如白驹过隙。转眼间,几十年过去了。老莱子也由过去的小孩子,变成了白发苍苍、七十多岁的老头了。由于心情愉

快，他父母九十多岁仍健在，而且走起路来步子很轻快，眼睛不花，耳朵也不聋。老莱子平时说话，十分注意分寸，从不对父母讲过激的话，即使碰到了什么急事，也会心平气和地跟父母慢慢说清楚。他知道在老人面前不能讲像"死"、"老"之类的话，这不吉利，父母听了会觉得自己离死已不远了，会伤心的。

老莱子虽然已经七十多岁了，但人老心不老，还经常像小时候那样逗父母开心。

深秋的一天，天气阴沉沉的。老莱子见父母在屋里转来转去，显出非常着急的样子，心想：我现在用什么办法能让父母笑一笑呢？

这时，他突然想起以前村子里演唱滑稽戏的情景，心想：我何不学着表演一番？父母看了肯定会开怀大笑的。于是，他忙让父母安坐在椅子上，说："爹！娘！你们二老先坐着休息，一会儿我回来，有好东西给你们看。"说罢，他出门借戏装去了。

母亲心里正犯着嘀咕，突然，一个"怪人"闯进门来，说道："老人家可认得，我就是那太白金星（古代神话传说中的一位神仙）啊！"

只见来人穿着五颜六色的花衣服，脸上涂得红一块、白一块，头上插朵野花，手里还摇着拨浪鼓。父母先是愣了一下，等醒悟过来，开心得拍手大笑，说："这哪里是什么太白金星？分别是孩儿呀！"

老莱子见父母认

出他来，便手舞足蹈地给父母表演起来。他一会儿弯腰扭屁股，一会儿又伸舌头做鬼脸，口里还念念有词：

"爹娘爹娘别心急，请看孩儿滑稽戏。

开怀一笑十年少，祝愿二老寿无极。"

母亲笑得眼睛眯成了一条缝，手指着老莱子，说："我儿七十多岁，如今竟像个小孩子。这倒使我想起你小时学老虎的样子。那一次，娘的肠子都快要笑断了。"

父亲边喝着茶，边欣赏，说："我儿今天的表演，使我感到我好像年轻了几十岁，再也不是快一百岁的老头子了。看来，我真的要返老还童了呀！"

父母看着老莱子累得满头大汗，忙起身劝他休息，帮他脱去花衣服，要他去洗洗脸。

老莱子精心奉养父母的事，流传得很广。楚王得知这一情况，曾多次召他进宫做官，可他坚持不去。后来他带着全家迁居到江南去了。

《列女传》《孝子传》

本篇成语解释：

1.【心平气和】心情平静，态度温和。

2.【手舞足蹈】双手舞动，双脚也跳起来。形容高兴到极点的样子。

规父孝祖

孙元觉，陈留县（今属河南）人，自小孝顺父母，尊敬长辈，很受时人称道。

从前，陈留县里有个孩子，名叫孙元觉。他自幼就知道孝顺爹娘，在县里是出了名的孝子，人们都说他年纪虽小，却是个很懂事的孩子。

孙元觉一家原有五口人，有祖父、祖母、父亲、母亲和他自己。祖母在他年幼的时候便去世了，紧接着母亲也因病去世了。

不知不觉，几年的时间就过去了，元觉慢慢长大，一天比一天懂事。他知道家里生活十分艰苦，常常起早摸黑去干活。烧水、砍柴、烧饭、种庄稼，他样样都干。

元觉是个孝子，可是他的父亲却是个品质很坏的人，不仅懒惰，而且对元觉的祖父极不孝敬，看到他年老有病，能吃不能做，便很厌烦。父亲对祖父的一言一行，元觉看在眼里，记在心里，感到十分难过。后来父亲对祖父的吃、穿、睡也不管不问，元觉就瞒着父亲偷偷地给祖父送吃送喝，祖父从心里非常感激这个小孙子。"若没有这个孝顺的小孙子，我的命早没了。"元觉的祖父常常这样想。

可是,父亲对祖父越来越不孝顺,看样子是非把祖父撵出去不可。

果然有一天,元觉见父亲把病弱的祖父装进一只箩筐里,缚在车上,要推进深山里去扔掉。元觉那时才十几岁,看到这种情景,既难过又害怕,便放声大哭起来。他跪在地上请求父亲不要这样做,父亲反而显得十分镇静,哄骗他说:"爷爷年老了,你看他还像个人样子,其实已糊涂到不省人事了。别人说,人老如果不死,会变成妖怪来吓人的。"说着,就把元觉推开,推着小车上山了。元觉不信父亲的鬼话,看着祖父可怜的样子,心如刀割,跟在后面,边走边哭,父亲就是不理睬。

到了山里,父亲将车停下,把祖父连筐扔在地上,还向祖父啐了一口,骂道:"你这老不死的东西,多留你一天,多浪费一天粮食,快早点儿去死吧!"说着转身就要走。

元觉这时也不哭不喊了,他不是不想救祖父,而是想到,哭闹是对付不了父亲的,得想别的办法。他眉头一皱,计上心来。他不慌不忙地把祖父抱到地上,又将箩筐拾起来,放在车上。父亲看到元觉不哭不闹,反而帮自己,觉得十分奇怪,又看到元觉要把筐子也带回家,忙问:"你要箩筐干什么? 这是个不吉利的东西。"

元觉却说:"不,你不知道,它将来还有用呢。这现成的东西,带回家放好,等到你老了不能动的那一天,我不是可以拿它装你,运到深山来吗? 留着,省得到时花钱另做。"

父亲一听,顿觉五雷轰顶,他满脸恼怒地说:"哎呀,我是你爹呀,你怎敢在我面前说出这种话来！真是个不孝的逆子！"

元觉并没有被父亲的臭骂吓倒，反问道："父亲是儿子的榜样，父亲是怎样教儿子的，儿子就怎样去做，这就像水往下流一样，你想阻止也阻止不了。你这样对待祖父，我作为你的儿子，难道就不能用同样的办法对待你吗？"

父亲听了元觉的话，自知理亏，有了悔悟之心，连忙把祖父抱起来，放到筐里，装上车，又推回家来。

从此，元觉的父亲改变了对祖父的态度，对祖父十分孝敬，送饭端药，十分勤快，再也不敢像从前那样了。

孔子后来听说了这件事，赞叹说："要做孝子，就要向孙元觉学习呀。"

《左传》

本篇成语解释：

1.【不省人事】省：知道。昏迷，失去了知觉。也指不懂得人情世事。

2.【晴天霹雳】比喻突然发生的意外事件。也说"青天霹雳"。

如果第一次劝解父母过失无效，应该运用善巧方便，再予婉言劝说，千万不可轻易放弃，让父母背负不誉之名！

"孝顺"不仅仅是指不违背父母、长辈、先人的心意，文中元觉向我们展示了"孝"的智慧。在日常生活中，家庭的内部矛盾与摩擦在所难免，这个时候，作为晚辈的我们如何巧妙的运用智慧去帮助长辈解决问题，就如文中的元觉一样，那该多好啊！

富贵思亲

仲由(公元前542年——公元前480年),字子路,又字季路,春秋时期的鲁国卞邑人。

一天早晨,在一座大山上,一个十多岁的少年,正满头大汗地挥舞着砍刀,"噼噼啪啪"地砍着竹子。一会儿工夫,他就砍了一大堆,然后拖着竹子向深山中的破屋走去。

父母见他往家里拖竹子,忙问他要干什么,他说:"山外的人盖房子缺少竹子,我何不用竹子换他们的米呢?这样也好让爹娘能吃上几顿大米饭啊!"

这个少年就是仲由,后来,他成了孔子有名的门徒。

仲由年少时,家里很穷,经常靠吃野菜为生。看着父母年迈、瘦弱的身子,他心里很难过,于是就想出用竹子换米的法子。他经常要走几百里的山路,用竹子换了米背回来供

养父母。

父母去世后，仲由当上了大官，不愁吃，不愁穿。可是，他每次吃饭，总是不由自主地想起当年背米供养父母的事。父母年迈、瘦弱的样子，在他的脑海里总是挥之不去。他常常为此而叹息。

有一次吃饭时，妻子见他又唉声叹气，不知他有什么心事，于是便问："你为什么总是在吃饭的时候长吁短叹呢？是不是有什么公务难以解决，搅得你心神不安、茶饭不思？"

仲由长长地叹了一口气，说："夫人有所不知，我小的时候，家里特别贫穷，有时连野菜也难吃上一口。我苦是小事，可是爹娘就不行了。他们有时要等上两三年才能吃上一顿大米饭！"

妻子忙劝说："可是二老已经不在人世了。你成天想那么多，又有什么用呢？只会白白地伤自己的身体啊！"

仲由摆了摆手，接着说："你叫我不想他们，可我偏偏就是做不到，不知怎么搞的，爹娘的身影好像时时就在我身边。现在，我吃穿不愁，算是很富足了。要是爹娘能活到现在，那该多好啊，叫他们享享晚年的清福！"

妻子说："思念去世的爹娘，是人之常情。如果你过分思念二老，每年清明节，你不妨去二老坟上多烧些纸钱，也好了结这桩心事。"

仲由说："夫人说得自是有理，可是对我来说，不思念二老恐怕就难了。"说着，禁不住又叹起气来。

以喜，一则以惧。——《论语》

父母之年，不可不知也。一则

仲由看着碗里白花花的米饭和盘子里丰盛的菜肴，心里越发悲伤，索性把碗往桌子上一放，独自一人走进卧室内，望着窗外的天空，只管发呆。妻子见他仍是这样，也只好由他去。

　　一天，仲由把得到的月俸放在厅堂上，有个女佣看到了，哭着说："我曾经听别人说过，您的爹娘去世时，家中贫穷，要一匹布做入殓的衣衾都不能得到，可惜他们没能看到您今天这样的富贵。"仲由听了，也跟着大哭起来。

　　孔子曾大为称赞仲由，他说："仲由奉养双亲，可以说是生时竭尽力量，死后也念念不忘！"

《论语》

本篇成语解释：

1.【不由自主】由不得自己做主，控制不住自己。
2.【长吁短叹】因伤感、烦闷、痛苦等而不停地唉声叹气。

孝女救父

婧，春秋时期齐国人，民间孝女，以哭谏宰相救父而被人称颂。

春秋时期，齐国有个国王叫齐景公。他在位期间，把国家搞得一塌糊涂，而且还不许老百姓说个"不"字。许多人因为冒犯他，脚都被砍掉了。这位国王不但因残暴出了名，而且还贪图享乐，做一些极无聊可笑的事情。

一天，他出门游玩，坐着马车，一路上哼着小曲。看见漂亮的花，他就摘；瞄准好看的叶子，他就取。走着走着，他突然看见前面的路旁有一棵槐树，不知怎么搞的，他竟喜欢上了这棵槐树，心想：要是能把这棵槐树弄到京城去，该多好啊！但这树太大了，既不能挖走，更不能拿走。怎么办才好呢？这时，他想出了一个既可笑又残酷的办法，派人守护这棵树，并且在树上挂上一块牌子，上面写着："撞碰槐树的人，坐牢；伤害槐树的人，斩杀！"

一天夜晚，有个名叫衍的人，因喝多了酒，跌跌撞撞地路过这里，脚一下子碰到一块石头上，身体失去平衡，"砰"地一声撞到树上，把槐树给撞伤了。衍被看守槐树的人当场捉住，等待齐景公发落。

第二天，齐景公得到这个消

息，大为恼怒，气得胡子撅得老高，"啊呀呀"地叫了起来："给我把人带来，乱刀砍死！"衍就这样被关押起来，等待行刑。

衍有个女儿，名叫婧，得知父亲危在旦夕的消息后，急忙去见宰相晏婴。她知道晏婴很贤明，只有找他向齐景公求情，才能挽救父亲的性命。婧费尽了九牛二虎之力才找到了晏婴的家。晏婴见了她便问："小姑娘，你叫什么名字？找我有事吗？"

婧忙下拜说："我叫婧，是为我爹衍的事来求您的。近来，我爹见雨水不及时，庄稼不生长，出城到大山上向老天爷求雨。这本是件好事，只不过他后来喝了点儿酒，迷迷糊糊撞伤了槐树，触犯了大王的禁令，就要被处死了。"婧难过得流下眼泪，又说："我听说，贤明的君主治理国家，只会给老百姓带来好处。不会因为自己的私怨而违反国家的法令，不会因为自己的癖好而危害百姓。"晏婴听了婧的话，觉得很有道理，连连点头。婧又接着说："可是现在，我们的国王却为了一棵槐树要杀死我爹，使我孤苦伶仃一个人生活。我担心这会损害国家的法律、违背贤明君主的大德大义啊！"

晏婴感到很有必要去劝告齐景公一下，于是劝婧回家等候消息。

第二天上朝时，晏婴就劈头盖脸地对齐景公说开了："大王，把老百姓弄得困苦不堪，是不是叫残暴呢？成天只知道吃喝玩乐，发布不必要的命令，是不是叫不得人心呢？动不动为一点儿小事情而杀人，这是不是叫残害百姓呢？"

开始，齐景公装糊涂，反问晏婴说："你在说些什么呢？真令我不解，我又没有做错什么事。"

晏婴见不戳破窗户纸，齐景公就不愿认错，于是说："大王可曾发布'伤槐判罪'的命令？是不是有个叫衍的人，因撞伤槐树而将被处死呢？"

在晏婴的这一追问下，齐景公无法抵赖，忙说："有，有的。"

晏婴又说："这就是暴君的行为。"

齐景公觉得晏婴说得有理，立即命令看护槐树的人撤走，取下挂在槐树上的木牌，废除"伤槐判罪"的命令，把被关押的衍也释放了。婧和父亲得以团圆了。

婧哭谏救父的事很快传遍了全国，人们非常佩服她的孝心和勇气。

《左传》

本篇成语解释：

1.【一塌糊涂】形容乱到不可收拾，糟糕到不可收拾。

2.【九牛二虎之力】九头牛和两只老虎的力气。比喻很大的力量。

3.【劈头盖脸】劈：正对着，冲着；盖：蒙，压下来。指正对着头、脸盖下来，形容来势凶猛。

"孝"字的含义可以说是博大精深的，尊重敬爱是基本，在父母身处危难的时候要挺身而出，救出亲人，这种胆量和智慧值得学习。

成就父志

　　司马迁(约公元前145年——公元前87年?),字子长,西汉夏阳(今陕西韩城城南,一说山西河津)人。中国古代著名史学家、文学家。历任郎中、太史令、中书令职。著有《史记》。

　　"咦? 你透过窗口看看屋里的那个人。大冬天的,怎么满头大汗? "

　　"唉! 大概是读书太刻苦了吧? "

　　这个人不是别人,正是我国古代伟大的历史学家——司马迁。他正忍着遭受酷刑的痛苦,坚持写《史记》呢!

　　在司马迁35岁的那年,父亲司马谈一病不起,司马迁请了许多名医给父亲治病,但都无济于事。眼看父亲快不行了,司马迁泪流满面。虽然病床上的父亲已不能动弹,但头脑还很清醒。一天,他张着嘴想说什么,司马迁见了,忙伏到父亲的床边问:"父亲大人是不是想对我交待什么? 有什么话,您尽管说。"

　　父亲喘着粗气断断续续地说道:"自从孔子整理《诗》、《书》,写成《春秋》以后,到现在已四百多年,诸侯们你攻我伐,史书也没人写了。而今汉朝兴起,国家统一,君主贤明,大臣忠义,要写的东西可多着呢……我作为太史令(秦汉时期掌管起草文书、记载史事、编写史书的朝廷大臣),却没能完成撰写《史记》这一任务,内心十分不安。如今只有将希望寄托在你的身上，你要记住我的嘱咐，无论遇到什么困难，都要把它完成。"

司马迁听了父亲的话，哭泣着说道："孩儿不才，但一定会完成父亲没有完成的事业，把《史记》写出来。"

几天后，父亲司马谈病逝。司马迁牢记父亲的嘱托，着手为写作《史记》作准备。无论白天还是晚上，他都刻苦攻读各类书籍，弄懂其中的每一句话、每一个字的意思，哪怕只为一个词的用法，他也推敲再三，没有丝毫的马虎。除此之外，他还把他多年外出游历和实地考察而积累起来的资料翻出来，对历史传说、故事和典故进行校正、整理、编写。经过几年的充分准备，司马迁对天文、历法、地理、人物等各种知识都有了透彻的了解，开始了《史记》一书的写作。

就在司马迁的《史记》已完成了一大半的时候，一场飞来的横祸突然落到他的身上。

那时候，有个叫李陵的将军带领五千步兵，被派去跟匈奴作战。他孤军深入，碰上了匈奴的主力。匈奴出动八万大军，而李陵只有不到一万多，因寡不敌众，最后失败投降。

汉武帝听到这个消息，很不高兴。有一次，他召见司马迁，乘机问起司马迁对李陵的看法。司马迁说："李陵杀了那么多敌人，功劳也很了不起。至于他投降匈奴，可能是想以后找个机会，再报答国家。"

当时，汉武帝宠妃的哥哥带领三万大军，也同时去攻打匈奴，结果被打得大败而回。汉武帝以为司马迁帮

为了兑现对父亲的承诺忍辱偷生，这是怎样的毅力啊！

李陵表功，是故意贬低宠妃的哥哥。他顿时板起面孔，大声责骂司马迁说："你替投降的人辩护，这不是故意跟朝廷作对吗？"于是，他下令把司马迁关进监狱，判了腐刑。

腐刑是一种使人丧失生殖能力的酷刑，虽不会危及生命，却令人遭到极大的耻辱。受此重刑，司马迁真想用死了结自己的生命，但一想到父亲的遗愿还没有实现，又不甘心这样死去。他反复思考，决心忍受耻辱，顽强地活下去，把这部史书写出来。

他出狱后，废寝忘食，继续写作。他在写作过程中，经常用古人忍辱著书的事例来激励自己。他曾对人说："从前周文王被商纣王关了起来，写了一部《周易》；孔子被乱军围困以后，写了一部《春秋》；屈原遭到放逐，写了一篇《离骚》；孙膑被人剜掉了膝盖骨，写了一部《兵法》。这些人都是心里郁闷，或有理想实现不了，才写出这些著作的呀！"

他艰苦地写作了好多年，终于写成了《史记》这部书。全书有五十三万字，叙述了三千多年的历史，是我国历史上第一部内容完整、结构周密的通史。

《后汉书》

本篇成语解释：

1.【无济于事】济：帮助。对事情没有帮助。指解决不了问题。

2.【寡不敌众】寡：少；敌：抵挡。人少的抵挡不住人多的。

3.【废寝忘食】不去睡觉，忘记吃饭。形容专心致志地干某一件事情，连吃饭、睡觉都顾不上了。

上书救父

淳于缇萦,西汉临淄(今山东淄博东北)人,是太仓令(县级行政长官)淳于意的女儿。她因上书救父和促使当时的皇帝废除肉刑,而被人们广为传颂。

"咚咚咚……"随着一阵急促而沉闷的鼓声,一位少女喊道:"救命啊! 我要见皇上!"

这位少女叫淳于缇萦,她的父亲叫淳于意。淳于意为使自己专志医术,辞去官职,不营家产,长期行医民间,对封建王侯却不肯趋承。赵王、胶西王、济南王、吴王都曾召他做宫廷医生,他都一一谢绝了。因常拒绝对朱门高第出诊行医,被富豪权贵罗织罪名,送京都长安受肉刑。

与家人临别之时,五个女儿围着他大哭。淳于意想到自己路上没有个亲人照顾,心里烦极了,见女儿们都在啼哭,便感慨万千:"我有五个女儿,却一个儿子也没有。现在大难临头,竟没有人能帮我一把!"话音刚落,只见小女儿缇萦擦了擦布满泪痕的脸,语气坚决地说:"我虽然是个女孩子,但是我愿意像男孩子一样,为父亲排忧解难。请让我随您一起去长安吧!"

淳于意没有想到小女儿竟如此勇敢,心中感到有些宽慰,但念及女儿年幼,于是

说："孩子，从这儿到长安路途很远，肯定要吃不少苦，我实在不忍心啊！"

缇萦固执地说："爹，我一定要去！"

淳于意终于心动了。几个公差看到这种情况，也只好同意她同行，并夸奖她是个孝女。一路上，缇萦尽自己的最大努力照顾父亲。

到了长安，淳于意被关进了监狱，缇萦找个地方住下，经常到狱中照顾父亲。当她听说父亲要遭肉刑时，不禁伤心落泪。她反复思考，决定去见皇上，为父亲求情。

卫兵见缇萦只是个黄毛丫头，都不愿意理她。缇萦为了解救父亲，只好一遍遍地苦苦哀求，但还是没人答应。这时，她见大门旁有一面大鼓，于是灵机一动，双手使劲擂鼓叫冤。

一个门卫终于动了同情心，说："小姑娘，你先回去把要说的话写在纸上，我保证将它转给皇上。"缇萦这才破涕为笑。第二天一早，缇萦就把一封写给汉文帝的信交到了那个卫兵的手里。

汉文帝得知有个姑娘给自己写了一封信，很感兴趣。他展开书信一看，只见上面端端正正地写着："小女名叫淳于缇萦，我的父亲淳于意是太仓县令，他曾为当地的百姓做过许多好事。现在他因为一时疏忽触犯了刑法被抓了起来，并要判肉刑。小女知道犯了法就要受罚，但我所伤心的是，现在的肉刑实在是太可怕了：凡是受过肉刑的人，或者手脚被砍，或者鼻子被割，或者脸上被刺字，这些人以后要想恢复原来的样子再也不可能了，要想改过自新也没有办法了。因此，我情愿充当官家的奴仆，来赎我父亲的刑罚，以便让他有一个重新做人的机会。"

这封信言辞恳切，字里行间流露出缇萦对父亲的一片孝心。汉文帝看后深受感动。他放下信，陷入了沉思：小姑娘写得有道理啊！现在实行的肉刑确实太可怕了，它使人终身残废或毁容，而且不利于犯人改过自新。想到这里，汉文帝暗暗地下了决心：一定要废除肉刑！

不久，废除肉刑的诏令（皇帝发的命令）正式发布。淳于意也被汉文帝免罪出狱了。勇敢而孝顺的缇萦不仅救了自己的父亲，而且使后人不再遭受肉刑之苦。

东汉著名的历史学家班固听说此事，不禁赞叹说："昏乱糊涂的男人，就是一百个，也比不上勇敢、孝顺的小女子缇萦一人！"

《史记·孝仪传》

本 篇 成 语 解 释：

1.【凶相毕露】毕：完全。凶恶的相貌完全显露出来。

2.【字里行间】指文章的字句中间所表达、流露或透露出来的思想感情。

缇萦的勇敢、机智与孝顺是很多男孩子比不上的。

温被扇席

为父母暖床，现在又有几个人能做到？

黄香，东汉江夏安陆（今属湖北）人。从小博学多才，善作文章。曾任魏郡太守，写有《九官赋》、《天子冠颂》等文。

"天下无双，江夏黄童。"这句话不仅称赞黄香很有才气，而且还颂扬他是个难得的孝子。

黄香从小就懂得孝敬父母，侍奉老人。

冬夜，天气寒冷，屋里也很冷。9岁的黄香在父母谆谆教导之下，点着油灯攻读经书。

夜深了，父母催促黄香歇息。黄香点点头，把书整理好，梳洗完了后就上了父母的床，钻进被子里，睡了。母亲看着黄香上了自己的床上睡，觉得很奇怪，心想：该不会黄香看书把头看昏了，分不清东南西北，糊里糊涂地把父母的床当成是自己的床了吧？母亲这样想着，又不想去打搅黄香，因为她知道黄香看书十分刻苦，举灯夜读是经常的事。于是自言自语道："错就错了吧，调换个床睡又没有什么大不了的。"

母亲准备去黄香的床上睡觉，刚走到黄香床边，突然，黄香从母亲的床上爬了起来，又跑到自己的床上去睡觉。这时，母亲更觉得丈二和尚摸不着头脑，以为黄香犯了神经病，忙问："香儿，你跑来跑去

地折腾什么呀？"

黄香说："我是在为父母温暖被窝啊，这样二老睡上去就不会感到寒冷了。"

母亲听了黄香的话，顿时明白了原委，心疼地叹口气说："我家的香儿真懂事！"

夏天，夜晚非常炎热，黄香的父母常在院子里纳凉。黄香要求母亲给他讲故事，母亲经常讲一些古代的美丽传说给他听，也讲许多历史上的清官的故事。黄香对这些传说、故事总是感到好奇。母亲讲累了，他就回屋里倒碗水给母亲喝，帮父母捶捶背。

夜渐渐深了，父母准备安歇，却发现黄香不在身边。母亲心里有些不安，以为他到外面玩去了，在院子里找来找去，就是找不到黄香的影儿。母亲想：平日香儿不喜欢外出，只知在家攻读，今晚是怎么啦？夜深了还出去玩，真是叫人纳闷。

找不到黄香，母亲开始着急了，于是就高声喊："香儿，香儿，你到哪儿去了？"

这时，黄香的声音竟从父母的卧室里传出来："娘，我在这儿呢！"

父母觉得很奇怪，黑咕隆咚的，一个人跑到卧室里干啥呀？他们掌着灯来到屋里，只见黄香手里拿着一把蒲扇，站在帐前，正在一下一下地朝着帐内扇扇子。

父亲忙问黄香："我儿，这是干什么？"

黄香说："我早点儿用扇子扇一扇，让帐内的蚊虫飞走，枕席清凉，也好使二老安歇。"

母亲忍不住把黄香拉到身边说："真是苦了我的香儿啊。"用手一摸黄香的脑门儿，竟沁

出了汗珠。

黄香说:"这是我应该做的！书上早说过,百行之首,以孝为先。"

黄香长大后,朝廷觉得他是个难得的人才,让他担任了魏郡太守。

《后汉书·黄香传》

本 篇 成 语 解 释：

1.【谆谆教导】恳切耐心地教育指导。

拾葚供母

　　蔡顺,字君仲,东汉汝南安阳(今属河南)人。约生于汉平帝初年,卒年不详。

　　新朝（介于西汉与东汉之间的一个短命王朝，仅存在17年）王莽统治的末年,老百姓无法生活下去,纷纷起来造反,于是天下大乱。在安城县这个地方却出了个有名的孝子,他的名字叫蔡顺。

　　蔡顺自幼丧父,长大后一个人供养老母亲。由于战争连连,当时百姓的生活极其困苦,一连几天揭不开锅是经常的事。后来又逢灾荒,百姓的日子更是雪上加霜。面对天灾人祸,饥饿的老百姓纷纷向外逃亡。蔡顺家所剩的最后一把米也吃完了,怎么办呢? 这下可急坏了蔡顺母子。母亲说:"顺儿,母亲年纪大,什么事都依靠你去做。我这个当娘的真没用,唉,真不如去死算了,免得拖累你……"

　　没等母亲说完话,蔡顺"扑通"一声跪在地上,泪水"哗哗"地流了下来,哽咽着说:"是孩儿不孝,让母亲受苦了。母亲不要伤心,孩儿去给您弄吃的。"

　　母亲忙把蔡顺扶起来,拿衣角擦了擦他脸上的眼泪,心酸地说:"有你这么个孝顺的儿子,娘就是饿死也高兴啊!"

　　蔡顺低着头,默不作声。过了一会儿,他突然抬头对母亲说:"母亲,您等着,孩儿出去办点事,一会儿就回来。"说完,提着两只篮子就往外跑。

原来，蔡顺突然想起村子外面有颗很大的桑树，心想：现在正是桑果成熟的时候，家里没有米下锅，为什么不去采桑果给母亲吃呢？

蔡顺很快就摘了两篮子桑果，想到母亲快饿坏了，提起篮子就往回赶。走着走着，突然路上出现一队人马，拦住了去路。蔡顺这下子可慌了，忙把两篮子桑果藏在身后。

这队人马中走出一个军官，说："我们是赤眉军，是专门杀坏人的。我们造反就是为了使老百姓能过上好日子。"

蔡顺见他们是好人，就不怕了，提起篮子转身就要走。那位军官见他这个举动很奇怪，想弄清楚是怎么回事，忙问："你篮子里装的是什么东西？可不可以让我们看一看？"

蔡顺说："不是什么好东西，是桑果。我母亲已经忍饥挨饿好几顿了，我采些桑果给她填填肚子。"说着，揭去盖在篮子上的桑叶。

官见这两只篮子中，一只装的是熟而大的黑色桑果，另一只装的却是红而小的桑果，觉得更奇怪了，便又问道："你两只篮子装的桑果为什么不一样呢？"

蔡顺提起一只篮子说："这里的黑桑果是给我娘吃的。"

他又指着另一只篮子说："这些红桑果是给我自己吃的。"

将好的让给母亲而差的留给自己，蔡顺真是孝顺！

这一队官兵们听了很受感动，称赞他孝顺母亲，是个好孩子，决定给他一些帮助。当时他们的口粮并不多，但是大家仍尽力而为，终于凑足三升大米、一对牛蹄，让蔡顺带回家。母子俩依靠这些东西最终度过了灾荒。

《合璧事类》

本篇成语解释：

1.【天灾人祸】自然的灾害和人为的祸患。

2.【尽力而为】用所有的力量来做。

蔡顺想办法来维持母亲的温饱，并将好的食物留给母亲，自己却吃不好的，真是很难得。

倾 家 赎 父

谯瑛，东汉巴郡阆中（今四川省阆中县）人，生卒年待考。汉明帝时，曾做北宫卫士（即宫庭卫队长），并给皇帝讲解经书。

一位父亲坚决不去朝廷当大官。而他年少的儿子，为了维护父亲的心愿，竟然变卖巨额的家产。这是为什么呢？请看一看下面的故事，便可明白其中的道理。

西汉末年，政治腐朽，经济衰败，老百姓没有粮吃，没有衣穿，纷纷起来造反，天下一片混乱。这时皇室的外戚（皇帝母亲或妻子的娘家人）王莽乘混乱的时机，夺取了西汉的政权，自己做了皇帝，把西汉改为新朝。

谯瑛的父亲谯玄原先在西汉做官，他对朝廷十分忠诚，看到王莽篡夺了西汉的政权，很是气愤，决定弃官而去，以求保住个好名声。

而王莽听说谯玄很有学问，想把他弄来做官。于是，他命令手下一位叫张保的奴才去把谯玄请来。临走前，王莽对张保说："这次，你替我带两件礼物去：一件是一百两银子，一件是一壶毒药。但他只能收其中的一件。你明白了吗？"

张保忙跪下，答道："臣明白，请我皇放心！"

张保骑着快马，一路飞奔，很快就到谯玄家门口。他也不讲客气，没等谯玄说个"请"字，他就大步流星地跨进门槛。谯玄知道张保是王莽的忠实奴才，今天见张保这趾高气扬、目中无人的样子，立即明白了三分。张保见到谯玄，亮开喉嗓，高声说道："皇上很赏识你的学问，今天特叫我来请你去朝廷做官。皇上叫我带来两件礼物，望你能收下一件。"

谯玄一看便明白其中的意思。心想：我身为西汉的命官，岂能与这些不知羞耻的小人同流合污！我就是死，也不能去。于是，他毫不犹豫地收下毒药。

当时谯瑛年纪虽小，却生来就是个孝子。他见父亲收下了毒药，顿觉大事不好。心里虽慌，但他表面很镇定，眼珠一转，便想出一个对策，忙向张保叩头，说："现在天下大乱，皇帝正需用兵。我想朝廷一定很缺钱粮吧？"

张保答道："是呀，你是怎么知道的呢？你的意思是……"

谯瑛不慌不忙地站起来，指着自家的房屋和家具说："你看我家的全部家产值多少钱？"

张保对谯瑛的问话满腹狐疑，不知道他葫芦里到底卖的是什么药，左看看右瞧瞧，说："大约值一千万两银子吧。"

谯瑛说："很对，我就用这价值一千万两银子的家产作抵

押,赎回我父亲的性命。"

张保犹豫了片刻,说:"这要等我向皇上报告,看看皇上是什么意见,然后再给你答复。"说着,出门跨上马飞驰而去。

张保走后,父亲谯玄忙走到谯瑛跟前,说:"我儿,你怎么想出这个主意?家产变卖完了,你如何安身?你年纪小,以后的路还长着呢!为父只剩下一把老骨头;死不足惜。你还是让为父去死吧!"

谯瑛死死抱住父亲,哪里肯放。

再说,王莽得知谯瑛愿意以家产作抵押,赎回父亲的消息,心想:我朝的军队正缺军饷呢!何不将计就计,答应他算了。一个谯玄同一千万两银子相比,又算什么呢?主意一定,于是就叫张保去谯瑛家说,同意这么办。

谯瑛虽然失去了自己的家产,但换回了父亲的性命,同时又保全了父亲的好名声。他因此成了远近闻名的孝子。

不久,新朝的统治被推翻,东汉建立。这时,谯玄已死,光武帝念及谯瑛的孝行,下令把以前谯家变卖的财产如数归还谯瑛。

《后汉书·谯玄传》

本篇成语解释:

1.【大步流星】形容脚步迈得大,走得快。

2.【趾高气扬】趾:脚指头。走路脚抬得很高,神气十足。形容骄傲自大、得意忘形的样子。

-34-

继志著书

班固(公元32年——92年),字孟坚,东汉扶风安陵(今陕西省咸阳东北)人。我国古代著名的史学家,著有《汉书》一部。

一部《史记》唱天下,可是《史记》也有它不完美的地方。有一家三口,为了弥补这种不完美,前仆后继,付出了艰辛的劳动,甚至是生命。

班固的父亲认为《史记》只叙到汉武帝时期就停止了,是一种缺憾。于是他搜集有关的历史文献,加上其他一些资料,继续写作。可惜还远远没有完成,他便去世了。临死前,他留下遗嘱,要求儿子班固继承他的遗志,把史书写完。

班固接过父亲未完成的事业,就着手搜集资料,开始了艰苦的编写工作。这本来是一件值得赞赏的大好事,可是偏偏有人上书给皇帝,诬告他私自篡改国史。皇帝也没有查明事情的真相,以为班固对朝廷不忠,拍案而起,叫道:"这还了得?传我的命令,快快把班固这小子抓起来,我要亲自审问。"

就这样,班固被抓到京城投入大牢,他忍受了各种折磨,坚持说自己是无辜的。后来,班固的弟弟班超听说了这个消息,上书给汉明帝,代哥哥申冤,班固这才被释放。

后来，班固任兰台令史（东汉受皇帝命令编写史书的官），不久又升了官，任校典秘书，奉皇帝的命令，继续编写《汉书》。

为了能使自己集中精力写书，不管是亲戚还是好友，谁来家里拜访闲谈，班固都一概不见。白天如果公务繁忙，他就利用晚上时间来写作，经常写到深夜，还不肯上床睡觉。

冬去春来，转眼几年过去了，他的书屋墙角已经堆满了一捆捆的竹简。

他虚心好学，不耻下问。为了弄清楚每个历史事件和人物的真实情况，他拜访名师、请教老农，不厌其烦地查阅各种资料，进行比较、分析，甚至出门远行进行实地考察、走访，直到得出满意的结果为止。

功夫不负有心人，经过二十多年的不懈努力，到公元92年，班固基本完成自西汉汉高祖元年到新朝王莽地皇四年，共二百二十九年的历史的编写任务，写成《汉书》一部。

班固编写的《汉书》还没有写完，因受一个案子的牵连，被打入死牢，等候处决。班固心里十分悲痛，倒不是他怕死，而是担心父亲交给他编写《汉书》的任务还没有全部完成便命赴黄泉。在狱中，他常常以泪洗面。一位狱吏见他终日愁眉不展，又得知他是著名外交家班超的哥哥，就很想帮他一点儿忙。

那位狱吏对班固说："你现在已经是个重刑死囚犯了，想逃出监狱恐怕比登天还难。不知你是不是有话要对家人说，我也好替你传达一下。"说着，连忙递上笔墨。

班固擦了擦眼泪，挥笔"唰唰"地写完了一封信，然后交给狱吏，说：

"拜托你了,请把它交给我妹妹班昭!"

班昭接到信时,哥哥班固已经被处死。她双手捧着哥哥的信,痛哭起来。

后来,班昭不辞劳苦,参考东观藏书阁资料,终于把《汉书》补全。

《后汉书·班固班昭传》

本 篇 成 语 解 释:

1.【前仆后继】仆:倒下。前面的倒下去了,后面的紧跟上来。现形容革命者斗争的英勇壮烈。

2.【不厌其烦】厌:嫌。不嫌麻烦。

3.【不耻下问】不以向学问比自己差或职位比自己低的人请教为可耻。

班固害怕的不是死亡而是无法完成父亲的遗愿,班固死前写信给妹妹,最后终于完成了父亲的遗愿。班固对"孝道"的坚持正是我们所缺乏的!

侍 疾 不 厌

蔡邕(公元133年——192年),字伯喈,东汉陈留圉(今河南杞县)人。是我国古代著名的文学家。曾任左中郎将(近侍官)。

俗话说,久病床前无孝子。可是蔡邕对他的母亲,却偏偏不是这样的。

蔡邕自幼丧父,和母亲相依为命。母亲白天到地里干活,晚上还要纺纱织布。蔡邕见母亲整日忙个不停,心想:我要是能给母亲帮点儿忙该多好呀,就是让她坐下来歇一歇也好。

一天早晨,母亲又要下地干活。蔡邕也拿着把锄头,跟在后面,母亲明白了他的意思,忙说:"邕儿,快回家看书吧,你还有好多书没看呢。地里的活儿,娘一个人能忙过来,听娘的话!"

蔡邕说:"娘,您整日不得安歇,儿看了很难过。再说,我成天看书,也觉得头昏脑涨的,不如偶尔给娘当个帮手。"母亲觉得蔡邕说得有理,就同意了。

一转眼,十几年过去了。母亲由于早年过分辛劳,中年的时候中了风(即半身不遂),在床上一躺就是三年。蔡邕更加孝顺母亲。每次吃饭,他先把母亲扶靠在床头,然后一勺一勺地慢慢喂母亲吃，每喂一勺，必先自己尝尝冷热。听乡亲们说，有一种草药对治疗中风有好处，蔡邕就不辞劳苦，走了几十里的山路把草药采来，亲自为母亲煎药。

望着蔡邕日渐消瘦的面孔，母亲心疼地说："为了娘，你受苦了。我这辈子，也不知怎么搞的，竟得了这种病，唉，还不如死了呢。"

蔡邕听了母亲的话，连忙伏在她的身边说："娘千万别这么说，儿如果没有娘，恐怕也活不到今天。儿自小就与娘相依为命，为了娘，我就是做牛做马也心甘情愿。"说着，眼泪大颗大颗地往下掉。

最让母亲难为情的，是大小便失禁，稍不留神就解在床上，弄脏被褥。为此，蔡邕经常夜里不睡觉，按时帮母亲解大小便，端屎端尿，一点儿也不嫌脏、不嫌麻烦。实在太累了，他就坐在母亲床边的小凳子上打个盹，一直到鸡叫天明。

有一次，蔡邕瞌睡太大，没等醒来，母亲已不知不觉把大便解在床上。听到母亲的哭泣声，蔡邕醒了，随即闻到一股异味，他立即知道发生了什么事。他首先安慰母亲不要伤心，赶忙拉开一半被子，把母亲移到床的一侧，用手清理大便。接着，他打来温水，给母亲擦身，直到一切安顿好了，他才坐下来歇一歇。

虽然蔡邕对母亲尽心照料，但母亲的病情仍在逐渐加重。在母亲去世前的一百多天里，蔡邕更是整天整夜地守在母亲身边，始终没有上床睡过一个囫囵觉。

母亲也感觉到自己快不行了，有一天，她哽咽着对蔡邕说："这几年来，你为了娘，没有睡过一次好觉，没有过过一天安宁的日子，娘就是死了也不瞑目啊！"

世界上有一种最美丽的声音，那便是母亲的呼唤。——但丁蔡邕拉着母亲的手,也泣不成声,断断续续地说:"儿没有照顾好母亲,儿有罪啊!"

不多久,母亲去世了。蔡邕虽没有钱,但还是按隆重的礼节安葬了母亲。随后,他在母亲坟墓的旁边盖了一座小房子,为母亲守孝,一直到三年后孝除方才回家。

《后汉书·蔡邕传》

本篇成语解释:

1.【相依为命】互相依靠着过日子。

2.【死不瞑目】瞑目:闭眼。死了也不闭眼。指人将死的时候心里还有放不下的事情,也形容心有不甘。

3.【泣不成声】泣:低声哭。哭得喉咙哽住了,出不来声音,形容极度悲伤。

当今社会,父母有病子孙不料理的事情时有发生,蔡邕为我们展现了他那感人至深的孝道,很值得我们学习。

江革孝母

江革,字次翁,东汉齐国临淄(今山东淄博东北)人。历任郎(帝王的侍从官)、太仆(掌管皇帝的舆马和马政)和五官中郎将(近侍官)。

"快拿钱来,不然老子把你们母子都杀了!"

一位老母亲被这突如其来的吼叫声吓得不知如何是好。幸亏儿子江革真诚孝顺,感动了强盗,拉着母亲从后门逃走了。

这是江革年少时发生的一件事。当时社会非常黑暗,老百姓没吃没穿,纷纷起来造反。强盗乘机到处横行,害得百姓四处逃散。

江革扶着母亲,一路南下避难。身上所带的一点儿银子很快就用完了。怎么办呢?路旁有的是野菜,江革就亲自挖野菜给母亲吃。

但南方也不太平,强盗时常出没。一天,江革和母亲正忙着赶路,突然几个强盗好像从天而降似的,拦住母子俩的去路。其中一个强盗不由分说拉住江革就走。江革急了,忙问:"你们想干什么?"

那个强盗说道:"我们看你蛮有劲儿的,想拉

你入伙,同我们一起干。"

江革心想,这种不仁不义的事,我怎能做得出来?何况我还要奉养母亲呢……想到这里,江革忙说:"我母亲年纪大,行动不便,没有我,母亲便难以生存。还望各位看在我娘年老需人奉养的份上,开开恩吧!"说着竟情不自禁地哭了起来。

强盗虽然是凶恶之徒,但看到江革对母亲如此孝顺,竟发起慈悲来了。于是让江革和母亲走了。

江革和母亲走了一天又一天,终于到了现在的江苏省北部的一个地方。这时,母子俩已经精疲力竭,口袋里一分钱都没有了。因为当地比较太平,母子俩便留了下来。江革为母亲找了间破庙安顿下来,便对母亲说:"娘,您老先歇一歇,孩儿到外面走一走,看能不能找点儿活干,好挣点儿银子,给您买一些吃穿用的东西。"说着便走了。

到傍晚的时候,江革回来了,手里端着一碗喷香的大米饭,送到母亲面前,说:"娘,您一定饿坏了吧?快吃吧。"

母亲忙问:"你怎么不吃?你的饭是从哪儿弄来的?"

江革说:"您快吃吧,吃完我再跟您说。"

原来,江革在十几里外的一个村里,找到一户人家,帮人做工。这户人家可是个大家庭,有几十口人,家里杂事多,样样都要江革去做。

每天天刚亮,江革就得起床,步行十几里赶到雇主家。第一件事,是清扫院子以及房屋的前前后后。紧接着就是劈柴、担水、喂猪。这些事情忙完了,就得下地干活。一天到晚难得歇息。夏天,顶着炎炎烈日;冬天,冒着刺骨的寒风

他吃的是东家的残汤剩饭，经常难得温饱。每天做工得的银子，从没有想到往自己的身上用，江革总在心里盘算着怎样给母亲买些好吃的东西。

江革每次做工回来，都要喝很多水。日子久了，母亲察觉到有些不对头。有一天，母亲见他回来又喝水，忙问："革儿，大冬天的，你经常喝水干啥？"

母亲这样一问，江革心里可慌了，忙支支吾吾地说："我，我干活有些口渴。"

母亲摇摇头，疑惑地说："是不是在东家吃不饱，回来用水充饥呀？"

顿时，江革哑口无言了。

母亲完全明白了，伤心地说："你省吃俭用都是为了娘，娘明白你这份孝心，只是你也不能这样苦自己呀！"

江革却说："只要娘有穿有用，儿就是天天喝水也高兴。"

二十年后，天下都太平了。江革和母亲决定搬回家乡。当时母亲已老，每逢出门，江革担心牛马拉车，母亲坐不稳，经常自己亲自驾车。因为他能这样奉养母亲，家乡的人都称他为"江巨孝"。

《后汉书·江革传》

本 篇 成 语 解 释：

1.【不由分说】分说：辩白。不容许辩解。也作"不容分说"。

就算自己再苦再累都要让母亲吃饱，江革的孝顺二十年来风雨不改，他的这份坚持实在少有！

我们几乎是在不知不觉地爱自己的父母，因为这种爱像人的活着一样自然，只有到了最后分别的时刻才能看到这种感情的根扎得多深。——莫泊桑

孝顺继母

王祥（公元184年——268年），字休征，西晋琅邪临沂（今属山东）人。

王祥年幼的时候，亲生母亲就死了。父亲后来又娶了个后妻朱氏。王祥对继母很是孝顺，可是继母朱氏总是把他看作眼中钉，想尽办法虐待他。

有一次，王祥父亲外出有事，过了很长时间才回家。他刚走进家门，后妻朱氏就穿着一身破烂的衣服来迎接他。父亲见她这副模样，觉得奇怪，忙问她是怎么回事。朱氏委屈地说："自从你出门在外，王祥经常不让我吃饭，也不给我新衣服穿。"

父亲听了大怒，忙把王祥喊来，不分青红皂白，把王祥按在地上，剥去上衣，举鞭就抽打起来，边打边斥责道："今天我非要问个清楚，为什么你不供给继母衣食，使她寒酸成这个样子？快说！"

王祥趴在地上，强忍着鞭打的巨痛，只是流泪，没有分辩一句。

正在这时，屋外冲进一个人来，是王祥家的邻居张氏。她对朱氏虐待王祥早就不满，今天看见这般情形，实在忍不住，忙夺过父亲的鞭子，说：

"我亲眼看见你后妻朱氏，平时穿得可漂亮啦，吃得也好，倒是王祥缺衣少吃。不知朱氏今天为何穿得这样寒酸！"

父亲听张氏这么一说，顿时把怒气转向了妻子。朱氏羞得满脸通红，溜回了自己的房里。谁都看得出来，朱氏这样做是有意想陷害王祥。

尽管如此，王祥对继母朱氏仍然十分孝顺，一点儿也不记仇。后来，继母朱氏生了病，王祥日夜在她身边服侍，常常是衣不解带，食物都要亲自尝一尝冷热，再给继母吃。

继母生病，需要一些滋补品。只要能弄到，王祥总想方设法去弄。

有一年的冬天，继母想吃鲜鱼，王祥跑遍了集市的大街小巷，总是买不到。于是，他决定去池塘里捕捉。

一大清早，王祥拿了鱼网和木棒，踏着上了冻的田间小道，赶到一口小池塘边。当时正值隆冬，天寒地冻，池塘里结满了厚厚的冰，王祥举起木棒向下敲击，每敲一次，冰上只留下一块白点子。于是他慢慢走到池塘中心，举起木棒再次敲打起来。塘中心冰层薄些，由于王祥用力过猛，一下子打开一个大窟窿，整个人差点儿一同栽下去。王祥把网撒了下去，可惜网绳太短，于是他干脆趴在冰上，把手伸到刺骨的冰水中。一股寒气袭上心头，王祥冻得牙齿咯咯作响，浑身打颤。他忍受着寒冷和疼痛，静静地等候着鱼入网。不一会儿，因冰层有些融化，他的上衣和裤子湿了一大片。功夫不负有心人，王祥终于捕到了两条大鲜鱼。

继母朱氏吃着可口的鱼肉,喝着香甜的鱼汤,觉得身子好多了。继母被他的孝心感动了,眼泪一个劲儿地往下掉,泣不成声地说:"娘对不起你,叫你受尽了委屈,吃尽了苦头。以后你就是我的亲生儿子啊!"

　　王祥赡养继母、孝顺继母,一直到她寿终为止。

《孝子传》

本篇成语解释:

1.【青红皂白】皂:黑色。比喻事情有情由或是非曲直。
2.【衣不解带】形容日夜辛劳,不能安稳休息。

　　　王祥的孝顺最终还是感动了继母。所以说,孝顺这件事只要你坚持做下去,就算是再不爱子的父母终有一日都会感受的到。

辞官养亲

李密(公元224年——287年),字令伯,晋朝犍为武阳(今四川省彭山县)人。早年为蜀汉官员。

在我国古代,有许多人十年寒窗苦读,是为了将来能做大官。可是,西晋时有个人却不是这样,皇帝请他去朝廷当官,他为了抚养祖母偏偏不去。这个人叫李密。

李密只有半岁的时候,他的父亲就去世了。长到4岁时,他的舅父为了钱财,强迫他的母亲改嫁给一个富人。这样一来,4岁的李密既没爹又没娘,很是难过。祖母刘氏可怜他弱小孤苦,决定亲自抚养他。刘氏为抚养孙子李密很是费了一番心血。他从小就体弱多病,直到9岁的时候还不能独立行走,完全靠刘氏一人把他抚养长大。

李密长大后,对祖母非常孝顺。祖母年纪大,行动不方便,而且经常生病。但祖母想到哪儿去,他就搀扶着她去哪。每次吃饭,他总是把最好的菜往祖母的碗里夹。每当祖母生病

的时候，他就日夜服侍，连夜里睡觉也不脱衣服，喂汤喂药一定要自己先尝一尝冷热，再给祖母吃，真是照顾得无微不至。因为他奉养很得法，祖母才得以带病延年。

李密早年在蜀汉做官。蜀汉灭亡后，到了西晋初年，晋武帝根据当地官员的推荐，召他到京城做官。李密这下可为难了，心想：如果我去的话，就没人照料祖母了；如果我不去的话，晋武帝肯定会认为我至今还思念着蜀汉王朝，看不起他西晋，就会对我怀恨在心，甚至一怒之下，把我打入死囚牢，这样一来，祖母同样没人照料。怎么办呢？我得想个两全其美之计，既能使我不去做官、在家里侍奉祖母，又能消除晋武帝对我的猜疑，真心实意同意我的做法。

没过几天，李密把祖母托给一位邻居照料，自己只身一人来到朝廷，去见晋武帝。晋武帝见李密这么快就来了，以为他是来就职的，心里简直乐开了花，忙起身相迎。李密知道晋武帝不明他的来意，进门就跪下，赶紧说："皇上，我这次来京城，不是为了做官，而是另有他事相求！"

晋武帝听他这么说，顿时不高兴了，拉下脸问："你有什么事情相求？我倒要听一听。"

李密随即从怀里拿出一件文稿，呈给晋武帝，说："皇上看完便明白臣下的意思。"

侍从忙把李密的呈文转递给晋武帝。晋武帝看罢，深深地叹了口气，说："原来如此！"

那么，李密的这篇呈文讲的是什么内容呢？全文是这样说的："我现在是个亡国的卑贱的俘虏，实在没有什么才能，感谢

皇上的提拔和优厚的待遇，怎敢另有什么企求呢！只因祖母刘氏的身体像将要落山的太阳，她在世的日子不会长久，已经到了朝不保夕的地步。如果我没有祖母的抚养，就不可能活到今天；如果祖母没有我照顾，也不能安度晚年。我们祖孙俩相依为命，正是这种发自内心的感情，使我不能丢下祖母而远走他方。我今年44岁，祖母已经96岁了，所以，我给皇上做事的日子还很长，但报答祖母的日子却很短了。我怀着像乌鸦反哺一样的心情，希望皇上准许我为祖母养老送终的请求。"这篇呈文就是有名的《陈情表》，写得感情真挚，言词恳切，具有很强的感染力。

晋武帝被李密对祖母的深厚感情深深地打动了，称赞李密说："你果然是名不虚传。"于是，他下令停止征召李密，并命令当地的行政长官按时送去钱粮接济李密和他的祖母。

《晋书·李密传》

本篇成语解释：

1.【无微不至】没有一个细微的地方不照顾到。形容关怀、照顾得极为周到。

2.【两全其美】全：成全，顾全。做一件事顾全两方面，使两方面都很好。

3.【朝不保夕】朝：早晨；夕：傍晚。保得住早上，不一定保得住晚上，形容情况危急。

> 李密为了照顾祖母，连官都不去做，就是为了报答祖母的养育之恩。

代 父 从 军

花木兰，本姓魏，南北朝亳郡谯县（今河南商丘）人。她是我国古代历史上一位著名的女英雄。《木兰辞》就是她事迹的生动写照。

花木兰生活的时代，天下大乱，战争连年不断，人民生活很不安定，常常隔不了多久就得搬一次家。木兰出生在一户农家，父母都已年老，弟弟还很幼小，一家人靠她和姐姐织布维持生活。

一天，木兰很早就起来织布了。她每织一会儿，就停下来长吁短叹。年迈的父母见女儿这般神态，觉得有些奇怪，便到机房问女儿："闺女，你今天怎么经常唉声叹息，是不是有什么心事，能告诉爹娘吗？"

木兰又叹了一口气，说："爹、娘，女儿我不为别的事发愁，只是昨晚我在村头看到了打仗的布告，可汗（突厥等族首领的称呼）又要大规模征兵啦，布告上有爹的名字。爹年纪大了，可是又没有长子，小弟弟还年幼，所以女儿就想替爹去从军只是又舍不得离开年迈的爹娘，因此我才总是叹息。"

花木兰的父母为有这样孝顺的女儿而高兴，但又说道："自古以来，哪有女儿家

上战场的呢？”

木兰说：“爹娘有所不知，我虽是个女儿家，却有男儿的志向，我为什么不可以来个女扮男装呢？”

父母觉得木兰说得是有理，但总觉得女儿是一个女孩子，让她到战场上冲冲杀杀，实在是放不下心，因此一开始就不肯答应。无奈木兰主意已定，父母也只好由她去了。木兰买齐了从军必需的骏马、马鞍、马鞭等，乔扮成男装，辞别父母，同应征入伍的人一起踏上了征途。

从此以后，木兰常年战斗在前线，一会儿驻扎在黄河边上，一会儿又来到燕山脚下。她听到的只是黄河奔腾咆哮的击水声、燕山胡骑啾啾的悲鸣声，却听不见父母对女儿的呼唤声，她时刻想念远在千里之外的父母。

木兰在战场上，英勇善战，冲锋在前，休息在后。十年间转战几万里，杀敌无数，立下赫赫战功。他们的部队打了许多胜仗。朝廷下令他们班师回朝，并论功行赏。因木兰战功卓著，可汗亲自接见了她，并问木兰需要什么奖赏。

木兰说：“我其他什么奖赏都不要，只要一匹日行千里的快马，让我骑着它飞快回家，去和亲人团聚。”

木兰骑上千里马，昼夜疾驰，终于回到了家乡。听说木兰归来，一家人高兴极了。尤其是年迈的父母，乍一听说此事，激动得直打哆嗦，连话都说不出来，忙互相扶持着到城外去迎接她。姐姐忙着清扫整理木兰的闺房，小弟“霍霍”地磨刀，准备杀猪宰羊，慰劳木兰。

木兰到了家。她走进阔别多年的闺房，脱下战袍，换上原来穿的衣装，对着镜子梳理好姑娘的发式、戴上金色的黄花。当她走

出闺房时,随行的一些伙伴不由得大吃一惊,原来同自己在一起征战多年的木兰是个女儿身,连声夸奖木兰说:"你真是女中豪杰,真是孝顺父母的好女儿呀!"

《北史·孝义传》

本 篇 成 语 解 释 :

1.【论功行赏】评定功绩的大小,给予封赏。

为了尽孝,木兰不惜隐瞒女儿身份,上场杀敌,这份勇孝试问当今又有几人能做到?

锅巴奉母

陈遗，南北朝时期宋朝吴郡（今江苏省吴县）人。曾任吴郡主簿（相当于现在的县政府秘书）。

陈遗平生对母亲极其孝敬。凡是母亲喜欢吃的东西，他都设法去弄来。

母亲平时最喜爱的食品是锅巴。为了能让母亲经常吃上锅巴，陈遗真是煞费苦心。平时家里烧锅煮饭的事儿，几乎都被陈遗包揽了下来。他煮饭特别讲究方法，比如说，水应放多深，火头应多大，火候应多长，一顿饭应烧几遍火等，对这些，他了如指掌。可是，靠每天一顿干饭，所得的锅巴毕竟有限，更何况家里的米已经不多了，有时甚至一天三餐都吃粥，哪来那么多的锅巴呢？他决定出去做工，挣点儿钱给母亲买些锅巴。

陈遗辞别了母亲，翻过一座又一座山，来到一座小石坊，帮人开凿、搬运石头。陈遗每天都得爬上很高的山腰，一手拿着錾子，一手拿着铁锤，"叮叮当当"地凿石头。火一样的太阳挂在头顶上，他的脸上、身上、腿上全是汗，好像刚淋过雨似的。可他咬着牙，不叫一声苦。

每天，凿完石头后，天都是一片漆黑，作坊主还命令陈遗把大石头一块一块地搬到石坊去。陈遗用肩

—53—

扛，用背驮，实在没有力气就用手推，硬是把一堆大石头都搬完才歇息。不几天，他的手上、肩上磨出了茧子，脚板也磨出了水泡，但他还是咬着牙继续干，为的就是多赚点儿钱给母亲买锅巴。终于，他领到了工钱，将钱捧在手心，看着自己辛勤劳动得来的一点儿银子，陈遗心里一阵激动，立即上集市给母亲买锅巴去了。

到了集市，他转了好几遍，可就是没有锅巴。于是，他高声叫了起来："买锅巴哎！谁有锅巴卖？"

集市上的人们听他这么叫喊，都感到很好笑，心想：只有叫卖的，哪有叫买的？更何况是买锅巴呢。

一位好心的大娘见他叫了半天也无人回应，就劝他说："你买锅巴，应到酒馆去问，那儿可能有。"老大娘说完就走了，可刚走几步又回来了，问陈遗："你这个后生买锅巴干啥呀？"

陈遗说："我娘平生最喜欢吃锅巴。我做工挣了点儿钱，想给娘买些锅巴。"

老大娘很为陈遗对母亲的孝心所感动，忙回去把自家的一篮子锅巴提来，送给了他。陈遗又从酒馆买来了些，高高兴兴地回家了。

以后陈遗做了官，但他总忘不了随时搜集锅巴，孝奉母亲。有一年，一支由几万人组成的强盗队伍攻打吴郡。郡守

（古代最高地方行政区划的长官）率军队奋力抵抗，陈遗也奉命随军服务。为了行军的方便，他把所有的行李丢光，只留下准备孝奉母亲的几斗（古代的一种量具）锅巴，不忍心丢弃。后来由于寡不敌众，官兵被打败，少数人逃到山中，很多人都因没有东西吃而饿死。唯独陈遗靠着这些锅巴，维持到强盗退走，活了下来。

当时人们都认为这是上天对陈遗一片孝心的回报，纷纷说："真是好人有好报啊！"

《南史·孝义传》

本篇成语解释：

1.【煞费苦心】煞：很、极。形容费尽了心思。

2.【了如指掌】了：了解，明白；指掌：指着手掌。形容对情况清楚得就像指着自己的手掌给人看一样。

陈遗的孝心在紧要关头救了自己一命，正所谓好人好报。

舍身救父

潘综，南北朝时的宋朝吴兴乌程(今浙江省吴兴县)人。

一天，一伙杀人不眨眼、绰号"一窝蜂"的强盗，攻破了一座县城，在城内大肆进行烧、杀、抢，闹得整个县城乌烟瘴气、鬼哭狼嚎。城中居民们纷纷逃亡。

强盗挨家挨户进行搜刮，不给钱就杀人。所抢过的人家，大都是十室九空。眼看就快抢到潘综家了。潘综父子俩为什么不逃跑呢？因为潘综的父亲年纪大了，行动不便，而潘综又是个极孝顺的儿子，父亲不走，他也坚决不走。这下父亲可急坏了，一个劲儿地催促潘综说："为父年纪已大，跑不动了。就是跑了，我又能活多久呢？你赶快跑吧，也好给我们潘家留条命根子。"

听了父亲的话，潘综难过极了，就越发不想跑。心想：我5岁时，母亲就去世了，是父亲一手把我抚养到这么大，不容易啊！我怎么能撇下父亲不管，只顾自己活命呢？但他反过来又想：我即使不跑，父亲的性命也难以保住。因为我家这么穷，强盗抢不到什么财物，肯定会杀人的。怎么办呢？

这时，强盗已抢到邻居家了。潘综急得满头大汗，不顾父亲的催促，在屋里乱转。突然，他眼睛一亮，计上心来。

六七个强盗凶神恶煞般地闯进潘综家，高声厉喝："值钱的东西都给快点儿拿出来，不然，老子非杀了你们不可！"

强盗见潘综父子俩站在原地不动弹，一下子火了，其中一个领头的气急败坏地说："统统给我绑起来。"

强盗们一哄而上，把潘综父子捆个结结实实。潘综急了，忙说："我虽然出身贫穷，但我勤劳肯干，家里也有一些银子，只是被我埋藏起来了。如果你们把我们父子俩放了，我就告诉你我们埋银子的地方。"

强盗们见有钱可刮，也没想是真有还是假，就给潘综父子俩松了绑。潘综指了指床铺下面，示意强盗去挖。几个强盗一使劲儿，把床搬开，开始挖土找银子。

就在强盗们挖得正起劲的时候，潘综悄悄地对父亲说："快跑，再不跑就来不及了。"说着，伸手拉住父亲就跑出门去。

强盗们只管挖土，根本就没想到潘综父子会逃跑。挖呀，挖呀，半天也没看见银子，一个强盗说道："他妈的，这小子是不是骗我们呀？"回过头正想叫潘综过来，可哪里还有他们的影儿？强盗们大叫上当受骗了，扔下铁锹就去追潘综父子。

追过一座小桥，强盗们发现了他们，于是加快脚步，边跑边喊："给我站住！给我站住！"

父亲见强盗追来了，知道凶多吉少，忙对潘综说："你年轻力壮，赶快跑吧！"说罢，竟坦然地坐地休息。潘综不忍心把父亲扔下先走，也站在路旁一动不动。

不多一会儿，强盗追上了他们。潘综就跪下给强盗叩头说："我不是有意骗你们的，我只想保住我爹爹的性命，求你们别杀他！"

父亲也给强盗叩头说："我儿年轻力壮，本来完全可以跑掉，只是因为等我，才留在这里。请你们别杀他！"

强盗们没有挖到银子，生气极了。其中一个强盗不听父子俩苦苦哀求，举刀便砍向父亲。潘综手疾眼快，赶忙上前护卫父亲。潘综一连中了他四刀，因失血过多，当场晕倒。另一个强盗见了，忙劝阻道："这个家伙舍身救父，还真是个孝子，算了吧，饶他一命！听说杀孝子是要遭恶报的啊！"砍人的强盗才住了手。潘综父子才侥幸活命。

潘综舍身救父的事很快传开了。后来连朝廷也知道了这件事，下令把潘综所住的县城改名叫纯孝里，并且免了他家三代的赋税。

《南史·孝义传》

本篇成语解释：

1.【乌烟瘴气】乌：黑；瘴气：热带山林中的一种湿热空气。比喻环境嘈杂、秩序混乱或社会黑暗。

2.【鬼哭狼嚎】形容哭叫声很凄厉。

3.【手疾眼快】急：快。形容做事机警、敏捷。也说眼疾手快。

> 想想父母自小养我、育我、抚我、顾我，不计一切拉扯我长大。那么理所当然我们也应该怀有感恩孝顺的反哺之情才是。而孝养父母更不分富贵贫贱，人人皆能为之，怕的是没有那份孝心罢了！

永遵亲约

陶侃(公元259——334年),字士行,东晋时期庐江浔阳(今江西九江)人。

陶侃的父亲,在三国时做了吴国的将军。

有一天,陶侃的家里来了一位远房亲戚,这个亲戚有十多年没来过了。他见陶侃的父亲没在家,坐了一会儿就要走,母亲一把拉住他,非要留他吃饭。待亲戚同意后,母亲系上围裙,就到厨房忙开了。不一会儿,一桌香喷喷的饭菜就准备好了。吃饭自然少不了要喝点儿酒,可是父亲因公事在身,不能回来吃午饭,该由谁来陪酒呢?母亲很不好意思地对那位亲戚说:"我一个妇人家不会喝酒,今天偏不巧,侃儿他爹也不能回来吃饭,没人陪您喝酒,请原谅。"

这时,站在桌子旁的陶侃听了母亲的话,心想:客人喝酒,没人陪伴该多扫兴。于是他自告奋勇地对母亲说:"我来陪大叔喝酒!"

母亲听了陶侃的话,怔了一下。但为了不扫亲戚的兴,还是点头同意了。

吃过饭后，亲戚辞别母亲走了。陶侃对母亲说头有点儿痛，就去睡觉了。母亲以为陶侃只是多喝了一点儿酒，就没有十分在意。

　　傍晚，母亲叫陶侃起床吃晚饭，可是怎么样也叫不醒，等到父亲回家了，也是叫不醒他。父亲责怪母亲说："你也真是的，怎么允许他喝酒呢？"

　　父母在陶侃床边守了一夜，连盹都不敢打一个。到第二天早晨，陶侃终于醒来了。父亲怕陶侃以后再多喝酒，于是很郑重地对他说："酒当然可以喝一点儿，但不许醉！今天我和你约定：以后不管在什么场合，最多只能喝三杯酒。不得超过这个限度。"

　　陶侃点了点头，乖乖地说："爹，你放心吧！我一定会记住的！"

　　从此以后，陶侃果然很少喝酒，就是连一般的宴会，他也是能推就推，极少去参加。

　　没几年，父亲去世了，陶侃哭了几天几夜。每每想起和父亲的约定，便更加思念父亲，有时觉得父亲好像就在眼前，正在跟他说话："孩子啊，你一定要记住，以后不管什么场合，最多只能喝三杯，不得超过这个限度……"

　　后来，陶侃因为军功卓著，做了晋朝的大将军。官职高升，赴宴会的机会也相应地多了。隔三差五就有人请他去喝酒。有的宴会，他不得不去，去了就得喝酒。但因与父亲有约在先，他不敢多喝。后来他终于想出一个好主意，就是以茶代酒，别人见他为人正直热情,也就不计较他这一点。

　　为了时时提醒自己不能多喝酒,也为了纪念去世的父亲,陶侃把与父亲的约定工工整整地写在一张大纸上,挂在堂屋中央。每天早晨一起来就要读一遍。有些人去他家做客,见了这个约定,为陶侃对父亲的深厚感情所感动,也不劝他多喝酒。

　　后来,陶侃奉上级命令驻守武昌。到武昌后,他碰到了当时的两位著名人物,大家见了面好不高兴,于是决定在一起吃顿饭。饭吃到一半的时候,陶侃知道自己已喝足了三杯,不能再喝了。那两人都劝他再喝一杯,他眉头皱了皱,说:"我小的时候,有一次因酒喝多了,大醉不醒,使父母受了一场惊吓。酒醒后,我与父亲约定,从此以后喝酒最多三杯。如今,父亲早已去世了,但我不能违反这个约定。"从此以后,人们都知道,陶侃不但是一位著名的将军,而且还是一个非常孝敬父母的人。

《晋书·陶侃传》

本 篇 成 语 解 释 :

1.【自告奋勇】告:表示。形容自己主动地要求承担某项艰难的任务。

2.【兴高采烈】兴致高,情绪热烈。

　　陶侃将自己与父亲的约定维持了一生,而我们对父母的承诺呢?又有多少人能够遵守一生?

卢氏守义

卢氏,唐朝范阳(今河北省涿县)人。

卢氏小时候就很懂得孝顺父母。父母见她心灵手巧、做事麻利,认为她是个聪明的孩子,于是特意从村子里请了一位老先生给她上课,教她读书认字。卢氏学习很勤奋,时间不长,就能背像《三字经》一类的书。她从书里不仅学到了知识,也学到了许多做人的道理。

不幸,父亲早逝,于是卢氏决定停止学业,帮母亲干农活、做家务。

在18岁的那年,卢氏嫁给了同县的青年郑义宗为妻。卢氏到了郑家,更加勤快了,屋里屋外,成天忙个不停。她待婆婆同待自己的母亲一样,经常嘘寒问暖,十分孝顺。

卢氏不但以孝顺婆婆、善于持家而受称道,更以临危不惧、勇救婆婆而被传为佳话。

一天夜里,天特别黑,简直是伸手不见五指。卢氏安顿婆婆睡下,忙完家里的杂事,就上床睡觉了。

约摸到了半夜的光景,卢氏一觉醒来,隐隐约约听见院内有窸窸窣窣的声响。起初她以为是风吹起树叶的声音,可是仔细一听,觉得不太对劲儿,分明是有人在撬门。

原来这是一伙强盗。他们翻过墙头,进入院子,正在撬郑家的后门,准备偷窃财物。

卢氏慌忙推醒丈夫郑义宗。他正在做好梦呢,被卢氏弄醒,很不耐烦地叫了一声:"干什么呀!"

这一叫不要紧,被正在撬门的强盗们听见了,他们以为自己已经惊动了屋里的人,干脆一不做二不休,明抢得了。于是强盗们在院子里大喊大叫:"杀呀,给我冲进去!"

郑家人听到喊声和门被撞击的声响,吓得连忙打开前门,四处奔逃。卢氏第一次碰到这种场景,也有些害怕,跟随丈夫往外跑,但当卢氏跑到大门口的时候,突然站住了。为什么呢?原来卢氏一下子想起婆婆还在屋里,于是冲回婆婆的房里。

这时,强盗们已破门而入,到处搜找粮食,就是找不着。他们见卢氏和婆婆还留在家里,气势汹汹地说:"你们家粮食哪里去了?快说!不然就打死你们。"

卢氏知道粮食在地窖里,但她死也不说。强盗们恼羞成怒,举棍便向她们打来。卢氏一个劲儿地护着婆婆,棍棒像雨点儿一样落在她的身上。卢氏顿觉天昏地暗,五脏六腑好像被人掏去了似的。不一会儿,她便昏死过去。强盗们以为她死了,忙夺路而逃。

强盗走后,婆婆用尽浑身力量,把卢氏扶到床上。婆婆见她满脸是血,全身伤痕累累,顿时难过得痛哭起来,忙给卢氏擦洗伤口。

不一会儿,家里的人都回来了,他们见卢氏苏醒过来,忙问:"强盗们这样凶恶,我们都吓得没了魂似的,为什么你走到门口又回来了呢?难道你不知道强盗会杀人吗?"

卢氏说："我跑了,婆婆怎么办?人跟畜牲不一样,就是因为人懂得道义。我虽然只是一个妇人家,但怎么敢忘了道义?"

家中人听了,一个个羞愧地低下了头。

卢氏的婆婆逢人便夸媳妇好,说她有松柏一样的节操。

《旧唐书·郑义宗妻卢氏传》

本篇成语解释:

1.【嘘寒问暖】嘘寒:呵出的热气使受寒的人温暖。形容对别人的生活十分关切。

孝经云:"身体发肤受之父母,不敢毁伤,孝之始也。"这告诉了我们为人子女,当要会照顾自己,千万不要让父母挂心自己的健康,尤其是不良的嗜好,更不可以沾染,如酒、色、赌等,它们都是毁家损身的祸首。

助 人 行 孝

狄仁杰(公元607——700年),字怀英,唐朝并州太原(今山西太原)人。曾任宰相一职。

狄仁杰从小就十分孝顺父母。长大成人后,他离开父母外出做官,但他每时每刻都在思念着家乡的父母。

有一年,朝廷调他到他家乡去做官,他高兴得不得了,心想:离父母住的地方不远了,可以经常抽空回去,看看久别的父母。可是后来一打听,他就呆了,因为他的父母早已搬到另一个地方去了,而他自己自从外出做官以来,几年都没回过家了,所以对这件事一点儿也不知道。

一天,狄仁杰为办公事,中途经过太行山顶。他站在山顶上,极目远望,只见东边的蓝天下,一片白云在孤独地漂荡,心里顿时产生无限的感慨。他深深地叹了一口气,对随从人员说:"我的爹娘就住在那片白云的下面呀!十几年来,我从没有见过他们一面,我多么想见见他们啊!"说罢,很难过地望了又望,直到那片白云飞去,才带着随行人员下山走了。

当时,狄仁杰有个同事,名叫郑崇质。他的母亲年纪已高,而且又染有疾病,只有靠他服侍,才能生活下去。屋漏偏遭连夜雨,一天,郑崇质突然接到上级

的命令，叫他到边远的地方去做官。这下可急坏了郑崇质，他简直成了热锅上的蚂蚁，急得又叹气又跺脚。

这事被狄仁杰知道了。他也开始替郑崇质着急起来，心想：崇质母亲既年老又有病，如果崇质去了，她没人服侍，肯定无法生活，而且她肯定会挂念远在万里之外的独子。但崇质不去，不是没人去做那个官吗？得想个办法，既使郑母有人服侍，又有人去做那个官。经过一阵苦思冥想后，他决定去为郑崇质求情。

一天，他径直去拜见郑崇质的上级兰仁基，开门见山地说："兰大人，我今天特意为郑崇质求情来的。"

兰仁基顿时觉得丈二和尚摸不着头脑，不解地问："郑崇质一没偷，二没贪，你为他求什么情呢？"

狄仁杰说："中国自古以来就以孝治天下，以孝治家。兰大人恐怕没有这样做吧？"

兰仁基反问道："你怎么就知道我没有这样做呢？"

狄仁杰说："前两天，我听说您要调郑崇质去边远的地方去任官。为民做事，当然是件好事，但是兰大人却把这件好事，做成了坏事。您大概不知道郑崇质还有一位年迈多病的高堂老母吧，您调他去边远地方做官，那么他的老母由谁来服侍呢？"

这一席话，把兰仁基说哑了，因为他的确不知郑崇质还有这样一位老母亲。他沉思一会儿，说："我真的还没有想到这个问题。如果他不去的话，那么你认为该派谁去合适呢？"

狄仁杰毫不犹豫地说："如果兰大人真的找不到其他人，那么我愿意代郑崇质去。不知兰大人意下如何？"

兰仁基听了，深为狄仁杰的大义所感动。他知道狄仁杰也是个有名的孝子，今天又能助人行孝，内心极为佩服他的品行，于是答应改派别人。

《新唐书·狄仁杰传》

本篇成语解释：

1.【苦思冥想】冥：深沉。深沉地思索。

2.【开门见山】比喻说话、写文章一开头就谈本题，不拐弯抹角。

孝义的施行不单只是对自己的父母行孝，如果能帮到他人行孝，那是再好不过了。

为母洗桶

　　黄庭坚(公元1045——1105年),字鲁直,号涪翁,北宋洪州分宁(今江西修水)人。是中国古代著名诗人。

　　有这样一个小孩,每天早晨,天刚蒙蒙亮,他就提着个桶,到河边不停地刷洗,有时还将鼻子凑到桶边去闻闻。小孩叫黄庭坚,他是在给母亲洗马桶。

　　从黄庭坚懂事起,父亲就做他的启蒙老师,教他识字、读书,鼓励他好好学习,努力向上。在父亲的谆谆教诲下,他进步很快,不仅能读书写字、背诵诗词,更懂得孝敬父母的道理。可惜好景不长,就在他刚满8岁的时候,父亲因病去世,丢下他和母亲。没有了父亲,黄庭坚母子俩生活十分清苦,他这时也更懂得孝顺母亲了。

母亲有个特性，就是闻不得恶味，特别是马桶的气味。有一天早晨，母亲到宅房的菜地里除草，黄庭坚也过去帮忙，他看到菜地里的菜很小、叶子也很黄，心想：恐怕是菜缺肥料了吧？家里的马桶还没有倒呢，何不去把桶提来，给菜施施肥？于是他迅速跑回家，提起马桶，就向菜地走来。快到菜地时，他一不小心，被一个树桩绊了一下，连人带桶跌在地上，马桶翻倒了。这时他只听母亲"啊"地叫了一声，差点儿晕倒。黄庭坚见状大吃一惊，连忙爬起来扶住了母亲，大喊："母亲，您怎么啦？"

母亲喘着气说："我怕闻马桶的恶味，现在我直想呕吐。"

庭坚这才知道母亲有这个忌讳，忙挽扶母亲回家。到家里，他把母亲扶到椅子上，把窗子打开，好让母亲呼吸些干净的空气。接着，他又忙给母亲捶背，时不时地问："母亲感觉好些了吗？孩儿以后一定每天都把马桶洗得干干净净。"

母亲最后不喘气了，气色也好多了，拍拍他的头说："难得孩儿一片孝心，真是娘的乖孩子啊！"

从此以后，不论是晴天还是下雨，也不论是盛夏还是严寒，一年三百六十五天，黄庭坚每天都坚持洗马桶。每次洗了以后，他总是把鼻子凑近马桶闻一闻，看看是不是还有恶味，如有就再洗，一直到没有恶味为止。

看到庭坚这样劳累，这样有孝心，母亲打心眼里高兴，但也着实很难过。

在一个隆冬的早晨，天还在下着大雪，庭坚就起来为母亲洗马桶了。他提着马桶，冒着严寒，走到小河边，见河上结着冰，他就用脚踹。好不容易打开冰后，他就把手伸进刺骨的水里，开始洗刷起马桶来。不一会儿，他的手就冻得又红又肿，

所有杰出的非凡人物都有出色的母亲，到了晚年都十分尊敬自己的母亲，把他们当作最好的朋友。——狄更斯

可他硬咬紧牙，洗了一遍又一遍。洗好后，他提着桶刚进家门，母亲连忙拉起他的手，捂在自己的怀里，眼泪扑簌簌地掉下来，说："儿啊，母亲给你暖暖手。这些年来，你单单为娘洗马桶就吃了不少苦啊！"

庭坚说："娘，这是孩儿应该做的。"

黄庭坚不但孝敬母亲，而且学习也十分刻苦，每天都孜孜不倦地攻读到深夜。十几年以后，他考取了官职，到京城去做官。虽然他身为朝廷的命官，但他仍坚持每天洗马桶。直到他四十多岁，还一如既往，照常不断。

后来母亲生病了，一年多不能起床。他不分白天黑夜，在旁边服侍，睡觉时连衣服都不脱。母亲去世后，他就在母亲的坟旁盖了间小屋，住在那儿，一住就是三年，直到孝期满了，他才回家。

《宋史·黄庭坚传》

本篇成语解释：

1.【孜孜不倦】孜孜：努力不懈的样子。形容勤奋不知疲倦。

2.【一如既往】一：都，全；既往：已往。完全跟过去一样。

看到父母华发早生，想想他们一生为家庭、社会付出了青春与劳力。此刻，正是儿女回馈孝敬之时。那怕只是轻轻的一声问候与关怀，都是父母最欢喜欣慰。若能让他们含饴弄孙，将是最难得的天伦之乐！

弃官寻母

朱寿昌,字康叔,宋朝天长(今安徽天长)人,生年不详。因为父亲朱巽在朝廷为官,朱寿昌被荫守为将作监主簿。后来多次到州县任职,做过陕州、荆南通判,知岳州、鄂州等。

朱寿昌的父亲朱巽曾作过京兆守,有妻妾若干。寿昌生母刘氏被主母妒恨,在寿昌7岁时被逼出嫁,于是母子分散,天各一方。此后,寿昌苦读诗书,北宋熙宗初年(公元1068年)金榜题名,任安徽广德知府。他每每想起生母,夜不能寐,食不入味,终日以泪洗面。心想,连自己的生身母亲都找不见,如何能解民于倒悬,如何为百姓树立忠孝的典范。到任一月余,他向朝廷打报告,这个官不做了。于是,就有了下边这段故事:

朱寿昌在安徽广德府任上挂冠而走,行走了一年多,风餐露宿,跋山涉水,挨饥忍饿,走州过县,历尽千辛万苦,终于来到秦地同州。

常存仁孝心,则天下凡不可为者,皆不忍为,所以孝居百行之先。

一日，他在同州城内四处打问生母的下落，描述生母的容貌特征。试想，时隔五十多年，无论怎样的人面相都会有些变化。所以，半个多月的时间一无所获。他好不沮丧，便坐在一家店铺门前，此时正下着蒙蒙细雨，他饥寒交迫，喃喃自语到："我朱寿昌命好苦呵！听人说母亲您流落同州，您在啥地方，让儿好找！"有一卖豆腐的路过他的身边，无意间听到几句寻母的话。他放下豆腐担子，拍了一下朱寿昌的肩头，说："听你口音不是当地人，你来同州作甚？"朱寿昌便将他弃官寻母，历经坎坷的过程给这人叙说了一遍，这人说："大孝感天地，我经常走村串巷也帮你打听打听，我咋样能再见你哩？"朱寿昌说："我的盘缠早已花完，已是居无定所，身无分文，还是就在这家店前约见。"

如此数日，仍消息杳无。

这是一个阳光明媚的上午，卖豆腐的喜滋滋地告诉朱寿昌："我在城东五里一个村子里见了一位同你口音差不多的70岁的老婆婆，我把你给我叙说的情况给老人家说了一遍。老人家眼泪一滴一滴往下流，就是不说话。我估摸，八九不离十，就是你妈，咱赶快走。"

朱寿昌一听，喜出望外，赶忙收拾他的行李，同卖豆腐的人直奔城东小村。打老远，卖豆腐的就跟寿昌说："你看，就是依在门口的那位老人。"寿昌举目望去，只见一位衣衫褴褛、骨瘦如柴、目光呆滞的老妪依

门而立,他仔细观看,依稀印象中的母亲浮在眼前。他躬身施礼,询问老人家年龄、籍贯,知是生母,即下跪行大礼。

此时,乡邻听说老人家的儿子不远万里,弃官寻母,纷纷前来观看。朱寿昌仔细地向母亲陈述了他们母子失散后的经历和弃官寻母的经过。老人家扶着寿昌左端详右端详,终于在耳根后找出一块黑痣,放声大哭:"儿呀,娘日日夜夜,朝朝暮暮都在思念你,你咋才来呀!"朱寿昌母子相拥许久,哭声恸天。

乡亲们都为其母子重逢欢欣,纷纷上前恭贺,更为朱寿昌弃官寻母的大孝感动,并刻石铭记,遂将原来的村名改为婆婆村,明朝初年更名为"婆合村"至今(即今大荔县城关镇婆合村)。

《宋史·孝义列传》

本篇成语解释:

1.【天各一方】指各在天底下的一个地方。形容相隔极远,见面困难。

2.【金榜题名】指科举得中,被录取者由此就能进入仕途,获取功名利禄;后泛指考试被录取。

3.【喜出望外】望:希望,意料。由于没有想到的好事而非常高兴。

4.【衣衫褴褛】褴褛:破烂。衣服破破烂烂。

孝媳保家

陈堂前,宋朝汉州雒县(今四川广汉县)人。

堂前娘家姓王,18岁时,她嫁给同县一个叫陈安节的年轻人,到了夫家,她就改姓夫家的姓,所以,从此以后就叫陈堂前了。

堂前结婚后,只有一年多,丈夫陈安节便因病去世了,留有一个儿子。公公、婆婆自独子死后,神思恍惚,常常痛哭不止,茶饭不思,身体一下衰老了不少。堂前既为自己失去了丈夫而伤心,又为公婆年老丧子而悲苦。她当着公婆的面,强装镇静,但私下里她流的泪用水缸也装不下。看着公婆整日悲伤不已,她于是安慰二老说:"人死不能复生,请二老节哀,注意保重身体。人要儿子,是为了年老有人孝养;我这个做媳妇的,虽是个妇人家,可照样能孝养二老,这与安节在和不在有什么不同呢?"

公婆听了堂前的话,很受感动,他们为能有这样的好媳妇而高兴,决定从此不再过以泪洗面的日子。

看到公婆精神好了，堂前着实很高兴。19岁的堂前从此就挑起了沉重的生活担子。

她每天早晨起来后的第一件事，就是打扫、收拾堂屋。一切停当后，就等着公婆起床，将二老安顿好，又要去给儿子穿衣洗脸，从没有叫一声苦、喊一声累。干完农活回来，她忙着给公婆和儿子煮饭、洗衣服。

因公婆年老体弱，堂前经常给他们买些好吃的。逢年过节，也给他们添置新衣裳。冬天，堂前怕公婆衣服单薄，他们的棉衣都由她自己亲手做，里面的棉花总是塞得很厚。堂前勤俭持家，精打细算，把公婆、孩子照顾得周到全面。村里的人都夸她是个难得的好媳妇。

待儿子稍大一点儿后，她特意请了一位很有学问的老师给儿子上课。平时，她对儿子严格要求，经常检查督促他的学业，同时又不忘教他要好好做人。儿子也很懂事，在老师和母亲的谆谆教诲下，他进步很快、品学兼优。在20岁那年，他以优异的成绩考进了太学（中国古代的一种最高学府）。

儿子结婚后，生了两个孩子。堂前高兴极了，还亲自给孙子取名字。

然而，不幸的事情再一次降临在这位勤劳善良的妇女身上。儿子30岁那年，因意外事故，不幸身亡。消息传来，堂前好像被人当头打了一棒，只感到天旋地转，双眼发黑，差点儿栽倒在地上。可她没有哭，这时，她想到的是年迈的公婆和两个刚几岁的孙子，于是暗暗告诫自己：我不能垮了啊，不然这个家就要垮了！堂前

就是这样忍着早年丧夫、晚年丧子的巨大悲痛，含着泪水，接过抚养教育两个孙子的重任。在堂前的精心抚养、教育之下，两个孙子都长大成人了。

堂前上孝公婆、下养子孙，保家不破，在当地被传为美谈。当朝皇帝得知此事，感叹地说："国之本在于家，没有家，哪有国家呢？"于是特下诏（皇帝发布的命令）给予表扬。

《宋史·列女传》

本 篇 成 语 解 释：

1.【神思恍惚】神思：精神，心思；恍惚：神志不清。形容心神不定，思想不集中。

2.【精打细算】形容计算得极其精细。

晨昏定省，早晚能对父母关怀问候，是人间最幸福、温馨的乐事。想想有一天你我都会老，若现在能孝敬父母，子女也会效法。知恩报恩，生活在感恩的世界里，人生才有意义。

兼报二恩

申积中（约公元 1070 年——?），宋朝成都（今四川成都）人，是申起的儿子。

说到孝，人们通常认为是一个人对自己父母的孝顺，或是孝顺亲家父母。可是宋朝的申积中不但孝顺自己的父母，更孝顺养父母，一身兼两孝，真是少见。

申积中出生后，给申家带来许多欢乐。父亲见有了传宗接代的人，乐不可支。

一天，父亲的朋友杨绘，得知他生了儿子，特地带礼物前来祝贺。父亲设宴款待杨绘，席间，父亲见杨绘长吁短叹，忙问："杨兄，是不是最近你遇到了什么麻烦事？不妨告诉我，我也好给你出出主意。"

杨绘犹豫了一会儿，说："这事也不好说。唉，我也老大不小了，到现在连个后代也没有。"

父亲听说是因为这个，"噢"了一声，便低头沉思起来。

父亲非常同情好友杨绘，与夫人商议后，决定把自己的儿子过继给杨绘。申积中刚断奶，便被杨家抱去了，改名叫杨积中。

几年后，杨绘的夫人怀了孕，后来共生了二男一女。但杨绘仍把积中当亲儿子看待，甚至待他比亲生

的儿女还要好。

　　积中自小就是个孝子，对养父母百般顺从。每天天刚亮，他就起床把屋子里里外外打扫得干干净净，也渐渐学会了帮弟弟妹妹穿衣服。弟弟妹妹们特别喜欢这个哥哥。白天，积中和弟弟妹妹们做游戏；晚上，他哄弟弟妹妹睡觉。积中在杨家真顶得上"半个大人"了，家里的一切都被他调理得井井有条，给养父母减轻了不少负担。

　　养父母农忙时，积中除了把家里的杂事做好，还经常去地里帮忙。养父母见他累得满头大汗，劝他回家歇歇，积中反倒说："你们一天到晚忙个不停，抚养我们这些孩子不容易。在兄妹四个中，我是老大，我应带头，好给弟弟妹妹们树个榜样。"

　　养父母听了，竖起大拇指，夸赞积中是个好孩子。

　　后来一次偶然的机会，积中得知自己并不是杨绘夫妇所生，很是吃了一惊。但他很快又镇定下来，心想：养父母待我像待亲生儿子一样，弟弟妹妹们对我也很好，况且他们现在还需要我照料，我不能一走了之啊！

　　为了不让养父母知道他发现了这个秘密而伤心，积中平时总是闭口不谈这桩事，就像他根本就不知道一样。他仍然一如既往，孝敬养父母、关心弟弟妹妹。

　　不仅如此，积中每晚坚持读书，一读就到深夜，寒来暑往，从不间断。功夫不负有心人，19岁那年，他终于一举成名，考取了进士（贡举的人才）。养父母得知这一消息，惊喜万分，高兴得流下了眼泪。

正当养父母忙着给他打点行李，催他上路时，积中说出了心里话："爹、娘，你们别收拾行李了，我决定不去京城做官了，我要在家奉养你们一辈子。"

话音刚落，养父母面面相觑，以为是自己的耳朵出了毛病。积中把话又重说了一遍。养父母确信自己没有听错，吃惊地说："自古哪有考取功名而不做官的？儿子呀，你这是怎么啦？"

积中最后说服了养父母，在家尽孝。直到养父母去世，他也没有说出他知道自己的身世这个秘密。

后来弟弟和妹妹都长大成人，也都各自成家了。养父母有了传后人。这时，积中决定归宗改姓杨为姓申，好让亲生父母也有传后人。

积中的一位同乡听说此事，认为他一身能报生、养两恩，称他为"绝孝"。

后来，当地的长官把积中的孝行上奏给朝廷。皇帝召他进京城，派他做京城的教育总长。虽然他在赴任路上不幸死去，但他的孝名却流传后世。

《宋史·孝义传》

本篇成语解释：

1.【乐不可支】支：撑持，受得住。形容快乐到极点。

杀虎救母

石明三，元朝余姚（今属浙江省）人。

在余姚的一座深山中，住着一户人家，只有母子二人。母亲平时耕作屋后的一块荒地，儿子石明三经常外出砍柴。母子俩就这样平平安安地生活着。

一天，石明三照例外出砍柴。到了太阳离山丈把高的时候，才急着往家赶。到了家门口，他把柴一放，便进屋找水喝。突然，他发现堂屋北边的墙壁上有个大洞，感到大事不好，连忙呼喊："娘！娘！"见没有应声，便向母亲的房间跑去，进门一看，屋子里的惨景使他的眼前一阵发黑，差点儿晕倒在地。

有三只小老虎正在啃咬母亲的手脚！石明三竭力使自己镇静下来，从身后猛地拔出砍柴刀，对准小老虎的脑袋，狠劲儿砍了下去。只听"扑哧、扑哧、扑哧"三声，三只小老虎还未弄明白是怎么回事，连哼都没来得及哼一声，立即倒毙在地。

石明三"扑通"一声跪在地上，抱住母亲就哭开了。他摸了摸母亲的脉搏，见母亲还活着，才松了一口气，忙把母亲抱到床上，立即给母亲清洗、包扎伤口。

一会儿，母亲苏醒过来了，但手脚都不能动弹。石明三见母亲的眼睛老盯着外面，嘴唇动了一下，好像想要说什么，心里明白了三分，忙问："娘，是不是外面还有大老虎？"

见母亲微微地点了点头，他便安顿好母亲，走到堂屋，把砍柴刀"嚯嚯"地磨了又磨。这时，他听见屋外有老虎低沉的吼声，赶紧躲到门后，心想：我今天非宰了它不可，免得以后再来伤害我娘。

一会儿，一只很大的母老虎果然来了。母老虎悠然自得地往屋里走，前两只腿刚跨过门槛，石明三手疾眼快，对着老虎当头一刀，差点儿把它的脑袋劈成两半，老虎只叫了半声，猛地倒在地上死了。石明三见被砍死的是只母老虎，心想：有小老虎，又有母老虎，可能还有雄老虎呢。于是他跑到外面，躲在一块巨大的石头旁，继续等候。

他等了好久，太阳已落到山头，还不见有雄老虎出来，估计不会有了，他便转身往屋里走，去看望母亲。可他刚迈出两步，就看见雄老虎突然来了，他忙退到大石头旁，想再躲藏起来。同时，雄老虎也看见了他。只见雄老虎怒吼一声，张开血盆大口，纵身一跃，向他扑来。石明三连忙抢起砍柴刀向雄老虎的头部砍去，可惜没有砍着，他急忙闪身，雄老虎扑了个空。雄老虎见这一扑没有扑着石明三，反倒更来劲儿了。只见它猛地一转肥大的身躯，再次向石明三扑来，势头凶猛，令石明三躲闪不及。石明三被雄老虎一下子压倒在身下，雄老虎张口便咬。石明三哪能就这样束手待毙，于是举刀使劲儿地砍雄老虎的嘴。雄老虎痛得龇牙咧嘴，忙用爪子来抓石明三。石明三就这样与雄老虎搏斗着。最后，他终于把雄老虎砍死了，但他自己也因为力气耗尽而死。

　　附近村子的老百姓得知石明三与老虎搏斗的消息，纷纷前来助战，可当他们赶到现场时，在他们面前呈现的是这样一个悲壮的场景：石明三早已气绝死去，但还背靠着大石头，双目怒睁，立着不倒，手中仍牢牢地握着一把砍柴刀。

《元史·石明三传》

　　本篇成语解释：

　　1.【悠然自得】悠然：闲暇舒适的样子；自得：内心得意而舒适。形容态度从容，心情舒适。

　　2.【龇牙咧嘴】形容凶狠或疼痛难忍的样子。

　　古人对父母的关怀照顾，可谓无微不至。今虽可以利用现代科技产品，让父母亲得到物质的享受。然而你我心中可曾经常常惦记着孤苦寂寞、满身是病的双亲？其实，他们最需要的是——亲情的关怀！

守身祭祖

耶律希亮（公元1247年——1327年），字明甫，号愫轩，元朝契丹人。曾任翰林学士承旨、知制诰（相当于今天的中央政府秘书长），写有《愫轩集》三十卷。

在一片空旷的原野上，有一座帐篷。在帐篷内，有一位穿着蒙古族衣服的少年，正对着一幅画像顶礼膜拜。他就是耶律楚材的孙子——耶律希亮。

在耶律希亮13岁的那年，父亲耶律铸带着一家人跟随大汗（蒙古族最高首领的称号）去远征蜀国。队伍行至中途时，大汗突然死了。父亲于是率军队返回。

到了第二年，队伍才走到陕西。一天夜里，希亮和家人正在篷帐里休息，突然从远处传来隐隐约约的呐喊声："冲呀，快给我把耶律铸抓住，不要让他跑了！"

睡梦中的耶律希亮被呐喊声惊醒，顿时觉得大事不好，慌忙推醒父亲。耶律铸忙坐了起来，揉了揉眼睛，侧耳细听，果然不错，是冲自己来的。他惊慌失措地想，这恐怕是陕西驻军叛变了，看来我是凶多吉少了。为了保住自己的性命，这时他下了决心——跑吧。

于是，耶律铸也不管自己的军队了，只是结结巴巴地对儿子和妻子说："我，我，我以后再来接你们。"说完，便冲出帐篷，纵身上马，飞也似的逃走了。

叛军赶来，见耶律铸已逃，便将希亮和母亲捉住。这时希亮年仅14岁。后来，叛军头目把希亮母子俩押送到甘州看管起来。

　　不久，叛军被打败了。希亮带着母亲向东北方向逃亡。混乱中，希亮把随身携带的钱物都弄丢了，只有一件东西还留着，那就是祖父耶律楚材的画像。每到一处，希亮总是小心翼翼地把祖父的画像拿出来挂好，然后对着画像，双手合十，深深地鞠三次躬，嘴里还不停地唠叨着什么。母亲见了感到很奇怪，忙问道："亮儿，你怎么想起把祖父的画像带来呢？你这样拜，又是为了什么？"

　　希亮说："祖父是蒙古族有名的丞相。他为人正直，关心百姓的疾苦，又很有治国才能，是孩儿学习的榜样。我不但现在把祖父的画像带在身边，而且将来永远都要带在身边。"

　　母亲被希亮的这一番话感动了，她抚摸着希亮的头，说："你真是个懂事的孩子。你应该像你祖父那样，将来做一个对国家有用的人。不能学你爹爹，在危急的时候，他只管自己逃命，哪里谈得上效忠国家呢？"

　　逃难的日子虽然很苦，但希亮一看到祖父的画像，一想到自己是耶律楚材的孙子，便浑身是劲儿。沿途，他十分体贴母亲，把讨来的好菜和好饭，都先让给母亲吃，等母亲吃饱，他才吃。

　　一天，母子俩走到了火忽大王管辖的地方。大王得知耶律希亮就是名相耶律楚材的孙子，高兴得不得了，忙把他们母子俩迎进王宫，设宴招待他们。席间，大王送希亮一对镶珠宝的耳环，价值连城，叫他穿耳孔戴上。希亮却说："珠宝的价格虽然昂贵，但我不敢因为戴上它而伤了母亲给我的身体。"

　　大王见希亮这么孝顺母亲，就没有强求，于是送给他们一些钱物，让他们继续上路了。

　　在后来的动荡奔波中，火忽大王赐给他们的东西，也被耶律希亮丢尽了，只有祖父的画像没丢，他也依旧没忘了进行祭拜。塞外（约指今天的内蒙、甘肃一带）的蒙古族同胞知道这一情况，都非常景仰他的孝行，并称赞他懂得中华的礼节。

《新元史·耶律希亮传》

身体发肤受之父母，古人爱护自己的头发，也是尽孝道的表现。

本篇成语解释：

1.【顶礼膜拜】顶礼：印度古代的最敬礼，也是佛教徒拜佛时的最高敬礼，行礼时以自己的头叩拜在佛的脚下；膜拜：也是礼拜神佛时的一种敬礼，行礼时两手放在额上，跪下叩头。形容对人特别崇拜。

2.【惊慌失措】失措：举动失去常态。惊慌、害怕得不知如何是好。

3.【小心翼翼】翼翼：恭敬的样子。原来形容恭敬严肃的样子。后来形容举动十分谨慎，一点儿不敢疏忽。

4.【价值连城】价：价格；连城：连成一片的好多城池。形容物品十分贵重。

"爱之深，责之切。"天下父母无不如是。而为人子女者，却甚少能体会父母这至深至爱之情。犯了错，不能接受父母师长的教诲，反而阳奉阴违。其实知耻近乎勇，改过迁善不是羞耻，这需要极大的勇气才能做到。因而，我们更应感念父母不厌其烦教导、成就我们的苦心。

侍若亲娘

杜环，金陵（今属江苏）人，为人善良敦厚，又博学多才，后来受到朱元璋的赏识，在京城当了官。

杜环的父亲和常允恭是好朋友。常允恭家里还有母亲和弟弟两个亲人，一家三口仅靠常允恭一人的微薄收入，维持家庭的生活。常允恭为人忠厚老实，居官清廉，做了十几年的官，家里还没有一件算得上值钱的东西。可是不久，允恭因病在外地去世了。他的母亲张氏已经年老，小儿子又不明不白地失踪了。老人的生活一下子没有了着落，她常常以泪洗面，不得不去乞讨为生。

张氏行乞到一个村子，有个人见她孤苦伶仃，问道："老人家，您怎么一个人出来呢？"张氏把自己的遭遇诉说一番。那个人说："您靠行乞过日子，不是长久之计，为什么不去找一找您儿子生前的朋友呢？他们也许能给您一点儿帮助。"张氏听了，觉得只能走这条路了。她先找到允恭当年的几个朋友，但这些人见允恭去世，收留他的母亲对自己已没有好处了，所以都不肯接纳她。张氏万般无奈，又怀着一线希望去找杜环的父亲。可是这时杜环的父亲也已去世了，接待她的是杜环。

杜环当时很年轻，却很懂礼节，待人接物备受左邻右舍称赞。张氏到了杜环家里，杜环非常热情，连忙叫老人家坐下。见老人家衣服被雨淋湿了，又忙叫妻子把自己的衣服拿来给老人换上。

　　张氏把自己的遭遇向杜环诉说了一遍。杜环流下了同情的眼泪，忙安慰老人，说："老人家不要过分伤心，假如真的没人奉养您，我就做您的亲儿子，奉养您一辈子吧！"说着，还跪下行了晚辈之礼。老人感动得说不出话来。杜环特意做了几样好菜叫老人吃。吃过饭，又帮老人整理好床铺，让她休息。

　　张氏见杜环家也没有什么像样的东西，知道他的日子过得也十分清苦。杜环对她这样好，很让她过意不去，雨停后她坚持要出去寻找小儿子和其他熟人，杜环没有办法，只好陪她一起去。到了天黑时，张氏虽见到了几个熟人，但谁也不愿意接纳她，只得又回到杜环家住下。

　　杜环待老人就像待亲生母亲一样孝顺。张氏年老多病，杜环总是亲自为她煎药，然后一勺一勺地喂她。每天，杜环和妻子、孩子们吃的是粗茶淡饭，但总想方设法给老人弄点儿好吃的，逢年过节也不忘给老人缝制几件新衣服。老人在杜环家，吃得好，穿得暖，精神比以前好多了。杜环还时常告诫家里人："你们千万不要因为老人无依无靠，就小看她、怠慢她，要把她当自己的亲人看待。"

　　转眼间，十几年过去了。有一次，杜环奉上级命令外出办事，正好半路上遇上张氏的小儿子，并告诉他说："你母亲就住在我家，她很想念你，你能不能去看她一次？"

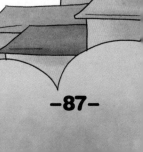

小儿红着脸，支吾其词地说："噢！我好像也听人说过。唉！就是因为路程太远，不然我早就去了。"

又过了半年，老人的小儿才来看望母亲。他看母亲年老多病，害怕拖累自己，竟撒起谎来，说："娘，我到外面办点儿事去，等两天就回来。"可是，他这一走，就再也没有回来。杜环一如既往，奉养张氏，但张氏因为过分思念儿子，三年后便病逝了。

张氏去世后，杜环拿出仅有的一点儿积蓄，为她举办了隆重的葬礼，以后每年清明节，他还坚持去给老人扫墓。

《元史·孝友传》

本篇成语解释：

1.【孤苦伶仃】形容孤独困苦，无依无靠。

2.【支吾其词】支吾：用含混的言语搪塞。用不相干的话来搪塞应付，避免接触真实情况。

万里寻亲

颜应佑,字孝先,元末福建省金门县贤聚乡人。

金门岛是东南沿海的一座小岛。这个岛上的老百姓大多靠捕鱼为生,生活虽然清苦,但也落得个平安。但在元朝末年,岛上突然闹起贼来。这些贼来自海上（不少是日本内战中失败的武士）,专门抢劫海上的渔船;后来又登上小岛抢劫,闹得整个岛上鸡犬不宁。百姓们无法生活下去,纷纷逃亡。

颜应佑扶着母亲也夹杂在逃难的人群中。母子俩白天赶路,晚上休息。饿了,就吃随身带着的干粮。他们不知走了多少天,也不知究竟走到什么地方才是尽头,反正就跟着别人走。

一天,颜应佑和母亲正赶着路。突然,中途杀出一队人马。原来内地也有强盗。逃难的人群一下子被冲散了。颜应佑稍没留神,母亲就不见了踪影。他心里一阵紧张,逢人就问:"你看见我娘了吗? 你看见我娘了吗?"

看不见娘,他便喊了起来:"娘,您在哪儿? 我是应佑啊!"

颜应佑一遍又一遍地叫着,但最终没有看见母亲的身影。他又急又怕,禁不住哭了起来。心想:我年轻有力气,可以靠做工来维持生活;但母亲年纪大了,

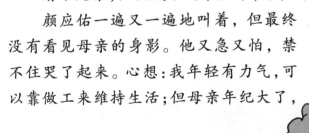

连行动都不方便,可怎么活下去啊?

颜应佑决定先回家乡,边做工挣点儿钱,边打听母亲的下落。

有一天,他碰见一位同乡。那位同乡告诉他:好像看见他母亲向西边走去了。

颜应佑得知这个消息,如获至宝。立即辞了工,踏上寻找母亲的路途。

他走到哪里,便打听到哪里。逢人就问:"你看见我娘了吗?我叫颜应佑,是福建金门人。"可是被问到的人都一个一个地摇摇头走开了。

遇着大村子,人多,他就喊:"娘,您在哪里?我是您的儿子应佑,我来找您来啦!"可是尽管他喊破了嗓子,也无人回应。

许多老百姓,见有这样寻找母亲的孝子,很为他的精神所感动,纷纷掉下同情的泪水,有不少人家还送些干粮给他。

颜应佑不知走了多少路程,仍未寻找到母亲,但他一点儿也不气馁,心想:只要母亲还活着,我就是踏遍千山万水,也要把母亲找到。

一天,颜应佑找到了云南省靖岭县(今姚安县境内)的一个小山村,看见一位老太太伛偻着腰,从一间茅草搭盖的小屋里走出来。他觉得这位老太太好面熟,心想:这该不会就是我日思夜想的母亲吧?

于是,他走上前去,向老太太问道:"请问老夫人,

智慧之子使父亲欢乐,愚昧之子

您可知道有个叫颜应佑的金门人？"

这一问，把老太太给怔住了，猛地抬头一看，不觉惊叫起来："儿啊，你是怎么找到这儿的？娘想你想得头发都白了啊！"说罢，母俩拥抱着，哭成一团。

不久，颜应佑把母亲接回老家金门，尽力奉养。

因为颜应佑的孝行感人，当时文人写了很多诗颂扬他，其中一首是这样写的：

云南福建，一西一东；两地相隔，万里有零。

看颜应佑，履险如平；迎回老母，心安意宁。

《金门志》

本篇成语解释：

1.【鸡犬不宁】宁：安宁。形容骚扰十分厉害，连鸡狗都不得安宁。

2.【如获至宝】好像得到了最珍贵的东西。

3.【千山万水】比喻路途的艰险、遥远。

有人终身能牢记父母的教诲，有人却不曾忆起丝毫训勉。前者在面对迷失与困厄时，往往能悬崖勒马，知所进退，不敢愧对父母，让父母操心、蒙羞；而后者却经常惹事生非、得过且过令父母伤心。

蹈火救父

王闰,元朝东平须城(今山东省东平县)人。

"这个老头子也真有他的,把好端端的家给吃成这样!"

"一把火把他烧死得了,还救他呢!"

"可是王闰却孝顺他这个爹呢!"

村民们纷纷议论着。

王闰家以前确实很富有。祖父和祖母去世后,给王闰的父亲留下了一笔数目可观的家产。

可是王闰的父亲却是个好吃懒做的人,从来不干活挣钱,就靠先辈的遗产吃饭。每顿他必要鱼、肉,还要喝酒。年幼的王闰成了父亲的跑腿子,每天都要去集市买菜、打酒。

金山、银山坐吃也能吃空。到父亲年老的时候,除房子外,祖辈留下的家产几乎被父亲吃得一干二净。但父亲总改不了好吃懒做的习惯,每顿饭都少不了鱼肉和酒。怎么办呢?父亲最后决定把房子卖了,临时用竹笆搭盖两间破房住。虽然卖房子得了不少钱,但不到两年,也吃光了。父亲吃饭没了鱼肉,动不动就发脾气,甚至还动手打王闰。

王闰是个孝子。尽管父亲经常拿他当出气筒，但他从来没有分辨过一句，更没有和父亲打过架。为了能使父亲过上好日子，王闰只得早出晚归，给人做苦力，把所得的钱全部用来奉养父亲。父亲每顿都能吃上鱼肉，也能喝上酒，但他仍像以往一样无理取闹，有什么不如他的意，就破口大骂。王闰始终陪着笑脸，百般奉迎，尽量讨父亲欢心。

一天，父亲有点儿头痛，四肢也感到无力，走起路来跟跟跄跄。王闰赶紧扶他去睡觉，到傍晚的时候，王闰在父亲的房里点上油灯，让他看见亮光，好赶走一些寂寞。不料，到快半夜的时候，父亲一不小心，把油灯打翻在地，把竹篱笆墙烧着了，火苗呼呼地往上窜。刚好夜里又刮起北风，火借风势呼呼作响，越烧越旺，几乎快把父亲睡的房子包围住了。父亲本来因病身子弱，又见到这般情形，竟吓得缩成一团，躲在被子里。王闰在睡梦中迷迷糊糊听见"呼呼"的声响，一下子惊醒了，看见父亲住的房子火光冲天，顿觉不妙，慌忙从床上一跃而起，连衣服都没有来得及穿，边喊边向父亲的房子里冲去。

"爹！爹！"王闰焦急地呼唤着，见没有回应，王闰一下子冲了进去。里面满是浓烟，呛得他喘不过气来。好不容易摸到父亲的床，他一把揭开父亲身上的棉被，抱起父亲就往外跑。就在刚冲出门槛的一刹那，突然，房顶上掉下一个火球，刚好落在王闰的肩膀上，他痛得"哎哟"叫了一声，差点儿一头栽倒，随即又紧咬牙关，把父亲抱得更紧了，踏着火海，冲出门外。

王闰忙把父亲放到安全的地方，一看，父亲还好好的，一点儿也没伤着。可王闰浑身上下，伤痕累累，肩膀都被烧烂了。

父亲望着儿子这副模样，流下了眼泪，说："儿，爹真该死！爹作孽太多了！"说着就

要举手打自己的嘴巴。

王闰手疾眼快，抓住父亲的手说："爹，快别这样！只要爹还活着，孩儿就是被火烧死也值得！"

村民们发现王闰家屋子失火，虽然讨厌他的父亲，但还是纷纷跑来相救。不一会儿，火就被扑灭了。

王闰因蹈火救父而被人传颂。

《元史·孝友传》《新元史·笃行传》

本 篇 成 语 解 释：

1.【无理取闹】毫无理由地跟人吵闹，故意捣乱。
2.【手疾眼快】形容做事机警敏捷。

父母就算有过错，我们也不应该放弃行孝。父母也是平凡人，也会犯错误，作为子女，不应该对父母的错误斤斤计较，而应该帮助父母一起改正错误。就像父母帮助子女改正错误一样。

师 生 情 深

史可法(公元1601年——1645年),字宪之,又字道邻,明朝河南祥符(今河南开封)人。明南京兵部尚书东阁大学士。

一个深冬的夜晚,大雪飞扬,北风呼啸。一位朝廷的官员顶着严寒,行走到一座破庙前,见窗户纸上透出微弱的灯光,估计里面有人。于是,他轻轻地叩击门环,见无人答应,便推门进去。一个书生趴在桌上睡着了。桌子上放着一叠文稿,他走到近前,伸手拿一份看了看。这一看不要紧,他激动得差一点儿叫出声来,不禁为这个书生的文章感到钦佩。他放回文稿,又看了看书生一眼,心想:这才是我所寻找的人才啊!他连忙脱下自己的棉衣,轻轻地披在书生的身上,然后悄然退了出去。他又从庙里的和尚那里打听到这个书生的名字叫史可法,是为明春进京赶考,而特意到这座破庙里来专心攻读的。

这位官员正是明朝的左光斗,他一向以为官正直廉洁而著称。为了能够给国家选拔到既有真才实学,又有高尚品质的优秀人才,他经常穿便服,到贫苦人家去私访。这一次,他巧遇了史可法。

第二年,科举考试成绩公布于众,史可法名列榜首。他很快就被正式录用了。

有一天,左光斗特意请史可法到自己家中做客。一进门,左光斗就把他引见给自己的夫人,说:"这就是我经常跟你说

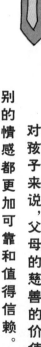

对孩子来说,父母的慈善的价值在于它比任何别的情感都更加可靠和值得信赖。——罗素

的那个书生。"

史可法忙弯腰向夫人请安。夫人很热情地接待了他。席间，左光斗叹了一口气，说："我虽有几个儿子，但都碌碌无能，不能够继承我的事业。"他随即望着夫人，指着史可法说："我的事业也只有可法能继承啊！"

夫人连忙点头称是。史可法听了，激动得差点儿掉下眼泪，赶紧向左光斗和夫人拜谢。从此以后，左光斗便与史可法结下了深厚的师生情谊。

明朝末年，大奸臣魏忠贤独揽大权，朝政混乱、黑暗。左光斗凭着一腔爱国之情，上书给皇帝，列举魏忠贤十几条罪状，要求皇上严惩魏忠贤。魏忠贤反而给左光斗捏造罪名。这时的皇上昏庸极了，把左光斗打入了死囚牢。在狱里，左光斗受尽残酷的折磨，脸被烙铁烙得难以辨认，两条大腿及膝盖以下的肉，差一点儿与腿骨完全分离。

听说老师左光斗受尽残酷折磨的消息，史可法心如刀绞，一心想去看看老师。因他太清贫，东挪西借才凑足五十两银子，给了狱吏，苦苦哀求狱吏，让他见左光斗一面。狱吏得了银子，终于让他乔装换面，扮成一个捡粪的老头混了进去。

史可法见到左光斗已不成人样儿，泪如泉涌，跪在地上，双手抱住老师的腿，哽咽起来。左光斗想睁开眼睛看看这是谁，但用尽力量，还是睁不开。他细听着哭泣声，知道是学生史可法。他禁不住勃然大怒，说道："蠢才！你来这儿干什么？国家衰败到这种程度，你不为国家兴亡着想，不顾自身的安危，以后还有谁来继承我的事业？你太令我失望了！"说着，举起带着镣铐的手，怒斥道："你再不走，不等奸臣陷害你，我就先把你砸死算了！"史可法被逼无奈，不敢再停留，泪流满面地向老师叩了几个头，匆匆而去。

后来，左光斗在狱中凄惨地去世了。史可法得知这不幸的消息，没有再哭泣，而是变得更坚强了。清兵南下后，他出任后兵部尚书（军队的最高长官），与将士们同甘共苦，后来他率军守卫扬州，与军民死守七个昼夜，直到城破被俘，英勇就义。他最终没有辜负左光斗的期望。

《明实录》

本篇成语解释：

1.【同甘共苦】甘：甜。一同尝甜的，一同吃苦的。比喻同欢乐，共患难。

> 常言道："一日为师，终生为父。"史可法的孝义在于他没有辜负老师的期望。

-97-

虎口救母

谢定住(公元 1403 年——?),明朝大同广昌(今河北省涞源县)人。

在崎岖不平的山道上,一位少年边走边东张西望,好像在寻找什么。突然,他听见远处隐隐约约传来孩子的哭声,心里"咯噔"一下:不好,母亲和弟弟可能出事了。只见他猛地狂奔起来。不一会儿,他跑到了出事的地方,但眼前的情景让他惊呆了:一只凶猛的老虎正咬住母亲的衣服,使劲地拽;年幼的弟弟则被丢在路旁,一个劲儿地哭着。情况十分危急,如果再迟一步,母亲和弟弟就有生命危险。少年猛然醒悟过来。他见路旁有一根树枝,急忙捡起,向老虎奔去。只见他高高地举起树枝,奋力向老虎的脊梁"唰"地打了下去,老虎痛得猛地一叫,松开了嘴,掉头向路旁的树林里跑去。

他扔下树枝,抱起弟弟、扶起母亲,忙说:"母亲,孩儿来迟,叫母亲受惊了!"

母亲拉着他的手,惊魂未定地说:"多亏孩儿及时相救,不然娘和你弟弟早就没命啦!"说着,泪水止不住地往下淌。

这位少年名叫谢定住。

那天早晨，母亲嘱咐他在家里做早饭，自己抱着年幼的儿子去山间放牛。定住把早饭做好，等着母亲回来吃。可是左等右等，就是不见母亲回来的身影，于是他决定出门去找母亲。刚走到半路上，便听见了弟弟的哭声，幸好及时赶到，母亲和弟弟得救了。

谢定住正要护送母亲回家。

"牛呢？"母亲突然想起牛不知哪儿去了。

谢定住说："娘，我先送您和弟弟回家，然后我再来找牛。"说着，他护送母亲和弟弟往回走。

走到中途，谢定住觉察到身后有"沙、沙"的声响，以为是牛跟了回来，等回过头来，不觉又是一惊，忙喊："娘，老虎又来啦，当心！"

谢定住的话音未落，老虎"噌"地向母亲蹿去，一口又咬住了母亲的衣后襟。母亲见真是老虎，再次受到惊吓，"啊呀"一声跌倒在地。谢定住左手抱紧弟弟，右手顺势捡起地上的一块大石头，向老虎使劲儿砸去，正打中老虎的肚子。老虎一阵疼痛，又松开嘴，转身逃了。

"娘！"定住终于把母亲喊醒了。

母亲站了起来，无力地说道："儿子，你这是第二次救娘的命啊！"

谢定住扶着母亲，抱着弟弟继续往家走。在距家半里的地方，不料那只老虎第三次向他们袭来，老虎咬住了母亲的脚后跟，母亲痛得晕了过去。定住这下可慌了，他找来找去，除几根小树枝外，什么都找不到。于是他猛地用脚踢打老虎的屁股，边踢边喊："老虎咬人啦！快来救人啊！救人啊！"

村子里、田头上的乡亲们听到喊声，纷纷放下手中的活，拿起锄头、扁担赶来。

老虎骤然受到乡亲们的打击，落荒而逃。

谢定住抱起躺在地上的母亲，只见她的脚不断地流出血来，他连忙从衣服上撕下一块布，包扎母亲的伤口，乡亲们帮他将母亲抬回家去。到家后，定住忙给母亲洗擦伤口，敷上草药，母亲才慢慢地苏醒过来。

从此以后，定住更加精心地照料母亲，关心弟弟。母亲伤得很重，长期病在床上。定住经常外出寻找草药为母亲治伤，不管路有多远，只要听说有治疗伤口的药，他总是尽力去寻找。

明成祖听到这个十几岁的小孩打虎救母的事，深受感动。于是特意召他到京城相见，当面夸奖了他孝勇双全，赏给他很多钱粮，还下令在他家门前建了一座牌坊，表扬他的孝行。

《明史·孝义传》

本篇成语解释：

1.【东张西望】这边看看，那边望望。形容向四周寻找察看。

2.【惊魂未定】形容受惊之后，心情尚未平静。

3.【落荒而逃】落荒：离开大路，向荒野逃跑。原来形容作战失败后慌张逃命。后来泛指一般争斗中的惨重失败。

严守母训

顾炎武(公元 1613 年——1682 年),本名绛,字宁人,号亭林,明末清初时期直隶苏州府昆山县(今属江苏)人。写有《天下郡国利病书》一书。

顾炎武不仅是我国古代著名的大思想家，还是一位恪守母训的孝子。

顾炎武有个堂叔父,不幸英年早逝。他生前,家人就给他订过一门亲。如今,堂叔不在人世,可这位未过门的婶母王氏,却是个有德行的人，坚决要求前来顾家为堂叔父守节。顾炎武的父亲见王氏孤单,将来也没个后代,就把顾炎武过继给这个堂弟媳做儿子。这时,顾炎武刚满两岁。

养母王氏对顾炎武精心照料,并教他识字读书,直到把他抚养成人。

养母王氏不但是个节妇,而且还有很强烈的爱国情结。清军南下后,明朝很快灭亡了。养母得知这个消息,如五雷轰顶,捶胸顿足,好不伤心。不久, 她就含恨死去了。去世前,留下遗训说:"我虽然是个妇道人家,不足轻重,但我身为明朝的臣民,享受着明朝给我的

恩惠。如今明朝已不复存在了，我活着还有什么意义呢？"

遗嘱中特别对养子顾炎武提出了深切的希望，说："如果你不做清朝的大臣，不辜负世代享受的明朝的恩惠，不忘记祖先的遗训，那么我就可以在地下安息了。"

顾炎武读完养母的遗嘱，很为养母崇高的爱国心所感动，他暗自发誓："我顾炎武如果违背养母的遗训，我愿遭受酷刑而死，愿遭受雷击而死！请养母在地下安息吧！"

顾炎武平时经常翻阅养母的遗训，而且还背个不停，好像生怕忘了一样。

清朝到康熙当皇帝时候，要编写《明史》。但朝廷苦于没有人才，特别是学问高深的人才，这下可急坏了康熙帝。有位大臣悄悄对康熙说："皇上，您为什么不任用有学问的汉人编写《明史》呢？"

这一句话可提醒了康熙帝，忙下令召集天下有才学的汉人进京。

当时顾炎武早就是位出了名的文人，人人尊重他，非常佩服他的才学。朝中大臣纷纷向康熙帝推荐他。于是一道命令下到顾炎武的手中。顾炎武得知朝廷叫他干这种事，理都不理。康熙帝以为顾炎武是想弄个高官做做，所以推辞不来。于是又专派人带着圣旨来请他去做官，并许诺给他很优厚的条件。顾炎武时刻牢记养母的遗训，坚决不为清朝做事，更不能做清朝的大臣。于是又一次拒绝了。

唯孝顺父母，可以解忧。——孟子

康熙得知顾炎武这样不给他面子,气得直拍桌子,大骂道:"他这个前明的小贼子,真是胆大妄为。来人呀,快给我把顾炎武捉来杀了!"康熙帝见大臣们一个个呆若木鸡的样子,更是恼羞成怒,喊道:"你们这些奴才,听见了没有?"

这时,上次传圣旨的那个大臣站出来说:"顾炎武已同小人说过,如果皇上再为这件事发怒,就叫我把这个文稿给皇上看。"

原来,这是顾炎武抄录的养母的遗训。他料定康熙帝必为这事纠缠不休,于是就想了这个法子。

康熙帝看了这份遗训,也无可奈何地叹了口气道:"人各有志,不可勉强。"

顾炎武牢记母训,不做清朝的官,一直到死,也没有变节。

《清史稿·顾炎武传》

本篇成语解释:

1.【捶胸顿足】用拳头打胸部,用脚跺地,形容非常焦急、懊丧或极度悲伤的样子。

2.【胆大妄为】妄为:乱做,胡搞。形容毫无顾忌地胡作非为。

人生首要之事 —— 莫过于尽孝。所谓"树欲静而风不止,子欲养而亲不待",故行孝当及时。错过机会,将是终身的遗憾!其次,做人亦当尽本分,谨言慎行,心存厚道。一生无过,虽是平凡,确是现今社会中的不凡之人了。

轮佣养母

薛文、薛化，清朝和州（今安徽省和县）人。

薛文和薛化年幼时，父亲因病去世，家里没有了强劳力，生活十分困苦。母亲替人缝衣织布挣点儿钱，维持一家三口的生活。母亲辛辛苦苦地劳作，终于把他们俩抚养成人。

薛文、薛化长大了，可母亲也就老了，不能再继续劳作。一家人断了生活来源。这下可急坏了兄弟俩。为了能让母亲一日三餐吃上白米饭，一天，薛文对薛化说："我俩身强力壮的，为什么不学母亲那样替人做工呢？挣些钱也好养活母亲呀！"

薛化惊讶地说："对呀，怎么我就想不起来呢！"可一转念，薛化又沮丧地说："我俩都出去做工，那么由谁来照顾娘呢？"

薛文想了一会儿，说道："倒也是。但我们不妨轮流做工，这样既能挣到钱，又有人照料娘。你说呢？"

薛化点了点头。兄弟二人就这样商定了。

从此以后，兄弟俩一人离家替别人做工，另一人就在家里陪伴母亲。

每天，做工的人出去了，另一人就在家清扫起房屋、院子，把前前后后、里里外外打扫得干干净净。接着，将家里唯一的一把旧椅子搬到房屋中央，再晃一晃，看看是不是放稳了，请母亲坐下来歇息。

有一天，轮到薛化在家陪伴母亲。他很快地把房屋打扫干净，请母亲安歇。母亲因为没事可做，显得有些无聊。薛化看在眼里，忙走到母亲身旁，说："娘，我来给您讲个故事，好给您解解闷儿。"

母亲见儿子这么孝顺，高兴得直点头。

薛化咳嗽了一下，清了清嗓子，说开了："昨天，我帮东家干活。您说东家叫我干什么？原来呀，他叫我磨面。我心想：东家今天真慈善，叫我干这么轻松的事。于是我很快地把驴驾好。驴绕着磨不停地转，我呢，在一旁往磨上加麦子。不一会儿功夫，面就磨好了。我告诉东家面磨好了，准备转身回来。这时东家叫了起来：'田还没耕完呢！'我又到他田里耕地去了。到傍晚干完活后，东家看见我，板着脸问：'我称了一下面，怎么少了这么多？是不是你偷吃了？'我忙说：'我没有偷吃你家的面。'东家又说：'不是你偷吃的，那就是驴偷吃的。'我再怎么解释也说不清了。后来才知道，是东家娘用面包饺子了。这样一来，他们一家子都成了驴了。"听薛化说完，母亲笑得前仰后合。

傍晚，薛文佣耕回来，照例用做工所得的钱，买了一壶好酒，一些新鲜的干肉，还有几条活蹦乱跳的鱼。兄弟俩顿时就忙开了，洗菜的洗菜，淘米的淘米。一会儿兄弟俩端着热气腾腾、香味十足的饭菜，恭敬地送到母亲面前，说："娘吃快吧！多吃点儿，也好补补身子。"

母亲见他俩不吃，说："文儿、化儿，你俩怎么不吃？"

兄弟俩齐声答道："娘年纪大，应当先吃。我们现在还不饿呢。"

说罢，兄弟俩在母亲身旁，载歌载舞，好不热闹，引得母亲边吃边笑。等母亲吃

好了,他们才吃些剩菜、剩饭。

　　每逢天寒,兄弟俩便争着把母亲搀扶到屋外,晒晒太阳。母亲坐好后,兄弟俩围在母亲旁边,做各种可笑的姿态,故意逗母亲开心。邻居家的小孩看着好玩,纷纷跑来嘲笑他们。可兄弟俩一点儿也不在意。

　　后来母亲病逝了,兄弟俩拿出所有的节余,以厚礼安葬了母亲。

《国朝先正事略》

本 篇 成 语 解 释:

1.【前仰后合】形容身体前后晃动(多指大笑时)的样子。

　　两兄弟不仅打工来维持母亲的温饱,在生活中更是无微不至,给母亲带来了许多欢乐。这样的孝行,并不是所有人都能做到。

我的留学梦

丁卉

　　我人生的前十五年，现在想起来，就像是肥皂泡般的一场梦境：很平凡的家庭，很平凡的父母，很平凡的学校，很平凡的生活。每天两点一线，早出晚归，吃一样的热干面，喝一样的豆腐脑，对着大同小异的巷子或欣喜若狂或满腹惆怅。听身边的人抱怨课程多，抱怨考试难，也抱怨青春易逝韶华不再，然后自己就凑热闹一般的添油加醋几句。像肥皂泡的表面，太阳一照就五彩斑斓。平凡，但美好而温暖。

　　考上莱佛士的时候，我犹豫了很久。我认真地问自己：丁卉，这辈子你到底想要什么？是荣耀功绩还是温暖幸福？你到底想做一个不惜一切代价改变世界的人，还是你只在乎那些深爱你陪伴你的存在？我知道我不是在逃避，不是在为自己的怯懦找理由，我只是想知道，我到底想要什么？我只是不想，在多年以后，觉得这一切的牺牲都不值得。

　　于是那晚我告诉父母：我不想去。

　　第二天，父亲没有去上班。在饭桌上，他给我讲了一个我从小就熟知的故事——花木兰从军。

　　南北朝时期，天下大乱，战争连年不断，人民生活很不安定，常常隔不了多久就得搬一次家。花木兰巾帼不让须眉，虽为女儿身都有男儿志。她离家万里，代父从军立下赫赫战功……

不知为何，在父亲和缓的声音中，再听这个听了千百次的故事，我的眼泪无法抑制地掉下来，打湿了身前的《小窗幽记》。

末了，父亲说：我们都容易被眼前的景象所蒙蔽，因为我们都害怕失去，都害怕回来的时候物是人非，所以都不敢跨越不敢尝试，都喜欢作茧自缚。但是你看，花木兰不怕。她离开家的时候，大概与你同龄。她跨关山越黄河，她也许犹豫过，但从来没有放弃。那是她骨子里的一种气节。爸爸知道你是和她一样刚烈，一样有抱负的女子。你觉得你认识的自己其实并不是真正的你。爸爸知道你不会甘于平庸，你也不应该在琐碎与麻木中虚度年华。爸爸不想你长大以后憎恶这样的自己，后悔曾经的决定。你的骄傲不会允许，你的自尊也不会妥协。孩子，我们每个人都只有一个人生，所以我们都应该在有限的生命中拥抱无限的宇宙。这样，我们才能算真正的不枉此生。

我认真地看着父亲的眼睛，看着这双充满了怜爱与理解、信任和支持的眼睛，看着这双经历人生四十余年的眼睛，心忽然变得很柔软，也很坚定。

爸爸，我知道了。我会去的。我说。

就这样，父亲戏剧性地用花木兰的故事改变了我的人生。

其实说起来，我与国学一直有不解之缘。四岁的时候就基本背完了唐诗三百首（当然是被逼的），上幼儿园就知道很多《春秋》、《战国》、《唐传奇》的著名故事，要么被感动得一塌糊涂，要么惊愕得不知所措。小学二年级的时候第一次读完《红楼梦》，对妙玉爱得深切，扬言要把红楼诗词全数背下。三年级的时候和同班的女生在班上组了一个诗社，旨在传播文化，实为娱乐自我，最后以成员不足而告终。四年级读白话《史记》，为李广拍案叫绝；五年级读《资治通鉴》；六年级毕业的那个暑假在看完金庸和梁羽生的武侠小说后，读完了《中华上下五千年》。

说起来，我的小学生涯其实就是把中国历史走了一遭。那个时候思想很单纯，总是想：我要是生活在古代就好了，有漂亮衣服穿，每天也不用上学。再被红楼水浒一浸濡，我就想：要是我是林黛玉，就投奔宋江去，省得在大观园受那些气！

上初中后，我脱去了单纯幼稚，开始观察和思考。很长一段时间，我最喜欢的诗人是王维。喜欢"竹喧归浣女，莲动下渔舟"的安然；喜欢"即此羡闲逸，怅然吟式微"的出尘。王维是一个哲学家，一个住在月亮上的人，袖起笔落之间，都不沾染俗世一抹尘埃。王维很接近一种安宁的常态，寂寞而完美。我总是一个人想：要是这辈子和王维在一起多好，过一种如水般安静的生活。

于是初二那一年，我写了一部短篇小说《两两相忘》，故事以王维的诗词与生活态度为第二线索。女主角对自由的渴望，也就是我（在考试压迫下）对自由的向往为主线。相比王维，陶渊明的自由就显得直白多了，因为直白所以激烈，也因为激烈，反而少了王维形而上的美。不过这些感悟，都是后话了。

初三的时候，我疯狂地爱上了苏轼。也不知道为什么，从前对苏轼的印象就停留在一个壮汉屹立赤壁悲吟大浪淘沙之上。我不知道他的朝云，他的放逐，他的灵性，他的诗心。我是读了余秋雨，读了周国平，读了梁实秋以后才开始慢慢懂得，懂得他的倔强，懂得他的无奈，懂得他的柔肠百转，懂得朝云那一句："先生满肚子的不合时宜"的真正含义。懂得以后我就为苏东坡流泪了。

来到新加坡，我经历了"cultural shock"（文化地震）。其实时至今日，我还是觉得这里很多太过后现代的东西，让我无法接受。比如这里总是有很多人"want things fast and good"（追求又快又好）。但是他们不知道，有很多情绪是要慢慢酝酿的，很多经验也要慢慢积累，不能急于求成，不能贪图捷径。

我找我最喜欢的生物老师聊天，他很释然地笑着对我说："你知道，同中国相比，新加坡是一个没有历史的国家。没有历史，有文化也显得焦躁，显得苍白，显得小家子气。"

我忽然意识到很长时间以来让我感到不舒服的东西，其实是源自于这个国度一种沉淀，一种归宿，一段历史的缺失。从小到大，我在国学的浸濡下成长，习惯用很大气磅礴、纵横捭阖的眼光来看世界、看人生。我喜欢静静地思考，慢慢地感悟，像朱熹或者王国维那样，隐逸出尘也好积极入世也罢，我喜欢一种有张力的思考方式，喜欢思想源源不断地涌入脑海的感觉。我承认一直以来我都活在理想的世界里，骄傲得不需要物质的承诺、成功的保障，我是一个思想者般的存在。而在中国的历史里，有那么多人与我相同。他们或以悲壮、或以淡然的英雄方式出现，以至于我把这种生活理想当成了一种常态、一种必然，而丝毫没有意识到这其实是一种奢侈，一种只属于我们这一代中国人的奢侈。

我想很多为文言文焦头烂额的人都不会懂得，有国学是我们的荣耀，是我们的骄傲，是我们血脉里根深蒂固的一部分，它定义了我们每一个中国人。

不得不承认，现在接触中国历史和古典文学的机会少了许多。但是也因着这出国的特殊经历，因着情感的暂时封存，让我看到国学里更加精髓的部分。不再是凄凄惨惨戚戚的离情别恨，而是中国的哲学。

说到哲学，就不得不提《道德经》。老子在一种神奇的模棱两可中表达了他对宇宙的理解。一位经常来新加坡传教的著名牧师唐崇荣曾经说过，老子比孔子强。孔子说："朝闻道，夕死则已。"可见孔子不知"道"。老子说："道可道，非常道。"可见老子明白道是不可闻，不可道的，从而更接近道的本真。

在新加坡的这四年里，我发现很多中西哲学有趣的对比点。

比如孔子教导我们温良恭俭让，萨特说这些都是人性的虚假体现；比如孔子说君主应当修身，培养自身的美德；意大利的马基雅维利反对说这些都是无用功，一个统治者只要知道如何控制自己的属民即可……我发现中国的哲学家，比如墨子的兼爱非攻，比如老子的上善若水，都是很温和的哲学，不带一丝希腊罗马的激进。

我为中国人的生活态度找到了一个源头。为什么我们不愿意改变态度，不乐于创新与尝试？其实是我们缺少神秘和浪漫，缺少激情与想象，我们对真理这个东西不感兴趣，我们只想找一种最中立的方法，一种最温和的方式。这种人生态度可以叫中庸，也可以叫懦弱。所以我们一直很平稳，但我们不精彩。至少目前不够精彩。

哲学体现的是人的生活态度，而我们也都还在这样或那样的生活态度中跋涉。

这篇自叙写得如此冗长而真实，因为它大概是我成长过程中曾经感同身受的思想、情感与启发。从一个在《红楼梦》中不可自拔的小女生，长成如今这般虔诚的基督徒、这般勤勉的思想者，我相信有很多人与我相同，在寻找，在追逐。也有很多的朋友，在重复着我的道路，体会着我的感情。在思想的国度里，从来没有失败者，也没有落后者。我们都是在这个星球上行走的人，正如张悬所唱：生活生活，有快乐也有忧愁。

但我们都不是一个人。我们都是同路人。

写此文，与君共勉。